KATOLSK

KATEKES

FÖR

DET APOSTOLISKA VIKARIATET I SVERIGE

MED BISKOPLIGT GODKÄNNANDE

2:a upplagan, 1937

SVENSKA KATOLSKA AKADEMIEN

— Academia Catholica Suecana —

Förlag: BoD - Books on Demand, Stockholm, Sverige
Tryck: BoD - Books on Demand, Norderstedt, Tyskland
ISBN: 978-91-7463-659-8

KATOLSK KATEKES

FÖR

DET APOSTOLISKA VIKARIATET I SVERIGE

MED BISKOPLIGT GODKÄNNANDE

KATOLSKA BOKFÖRLAGET
STOCKHOLM

*Utgiven med bidrag
från
Birgittaföreningen i Stockholm.*

STOCKHOLM 1937
A/B GUSTAF LINDSTRÖMS BOKTRYCKERI
2515

INNEHÅLL.

IV

Tredje huvudstycket: Nådemedlen.

Biskopligt förord.

Den katolska Kyrkan, vilken Gud har stiftat och tillsatt som förmedlarinna av sin egen sanning och i vilken Kristus alltjämt fortlever och skall fortleva intill tidens slut, lägger med sin moderliga välsignelse denna bok i händerna på envar, som ärligt och allvarligt vill lära känna hennes läror. I denna bok finner varje sanningssökande själ i kort sammanfattning alla de tröstefulla läror, som vår heliga katolska Kyrka av Gud själv fått i uppdrag att förkunna för människorna.

Jag hälsar och välsignar Eder alla I k ä r a b a r n, som skolen taga denna katekes i Edra händer för att därur inhämta grunderna till vår heliga religion. Skatten den högt, älsken den, läsen flitigt däri och läggen väl på hjärtat de lärdomar, I mottagen av Edra prästerliga religionslärare, som med Kyrkans fullmakt utlägga och förklara för Eder dess innehåll.

Ingen annan av Edra skolböcker är så värdefull och oumbärlig som denna lilla bok. Den lär Eder de mest upphöjda och nödvändiga sanningar, som Gud har uppenbarat, den visar Eder vägen till Eder sanna och varaktiga lycka, till den eviga saligheten i himmelen.

Men icke blott till barnen, utan även till de vuxna bringar denna bok välsignelse, ljus från himmelen och högsta visdom — kunskap om det e n d a nödvändiga.

Måtte den för alla, som läsa den och som lägga dess lärdomar på hjärtat, bliva en livets bok, en förare och vägledare på den jordiska pilgrimsfärden, så att de alltid må finna och följa den rätta vägen, den väg, som för dem till evigt liv vid Guds hjärta.

Bevaren katekesens ord i Edra hjärtan liksom Maria, Guds Moder, bevarade Jesu, Guds Sons, ord i sitt hjärta. (Luk. 2: 51.) Då skolen I icke vandra i mörkret utan hava livets ljus. (Joh. 8: 12.)

»Saliga äro de, som höra Guds ord och bevara det.»   *(Luk. 11: 28.)*

TILL ANDRA UPPLAGAN.

Måtte denna vår katolska katekes även i sin n y a u p p l a g a bliva en älsklingsbok för både små och stora, barn och vuxna, och vara dem en vägledning i det viktigaste av allt i vårt liv: att lära känna och älska Gud, trofast tjäna honom och så efter ett liv i Guds frid komma till himmelen.

Vid Kyrkans hand — till vårt fädernesland!

Stockholm den 28 februari 1937.

† *J o h a n n e s E r i k M ü l l e r,*
Apostolisk Vikarie.

De viktigaste bönerna.

(Här endast texternas ordalydelse, förklaringar givas i katekesen.)

Det heliga korstecknet.

I Faderns och Sonens och den Helige Andes namn. Amen.

Herrens bön.

Fader vår, som är i himmelen! Helgat varde ditt namn; tillkomme oss ditt rike; ske din vilja, såsom i himmelen, så ock på jorden. Vårt dagliga bröd giv oss i dag; och förlåt oss våra skulder, såsom ock vi förlåta dem oss skyldiga äro; och inled oss icke i frestelse, utan fräls oss ifrån ondo. Amen.

Ängelns hälsning.

Hell dig, Maria, full av nåd! Herren är med dig; välsignad är du ibland kvinnor, och välsignad är din livsfrukt, Jesus. Heliga Maria, Guds Moder, bed för oss syndare nu och i vår dödsstund. Amen.

Den apostoliska trosbekännelsen.

Jag tror på Gud, den allsmäktige Fadern, himmelens och jordens skapare, och på Jesus Kristus, hans ende Son, vår Herre, vilken blev avlad av den Helige Ande, född av jungfru Maria, pinad under Pontius Pilatus, korsfäst, död och begraven; nedsteg till dödsriket, uppstod på tredje dagen igen ifrån de döda, uppfor till himmelen, sitter på Guds, den allsmäktige Faderns, högra hand, därifrån han skall igenkomma till att döma de levande och de döda. Jag tror på den Helige Ande, den heliga katolska Kyrkan, de heligas samfund, syndernas förlåtelse, köttets uppståndelse och ett evigt liv. Amen.

Lovprisningen.

Ära vare Fadern och Sonen och den Helige Ande, som det var i begynnelsen så nu och alltid och i all evighet! Amen.

Tro, hopp och kärlek.

(Kortare form för utanläsning se frågorna 101, 107 och 111 i katekesen.)

Min Herre och Gud, jag tror på dig! Jag tror fullt och fast av hela mitt hjärta allt, vad du har uppenbarat och genom din heliga, katolska Kyrka lär oss att tro, emedan du, den eviga sanningen har uppenbarat det, du, som varken kan bedragas eller bedraga. I denna tro vill jag leva och dö. Föröka, o Gud, min tro! Amen.

Min Herre och Gud, jag hoppas på dig! För Jesu Kristi förtjänsters skull hoppas jag av din oändliga barmhärtighet få mina synders förlåtelse, din nåd och det eviga livet. Jag hoppas allt detta med fast förtröstan, emedan du, den allsmäktige, barmhärtige och trofaste Guden, har lovat mig det. I detta hopp vill jag leva och dö. Styrk, o Gud, mitt hopp! Amen!

Min Herre och Gud, jag älskar dig! Jag vill älska dig av hela mitt hjärta och över allting, emedan du har älskat mig först och bevisat mig så mycken godhet såväl till kropp som själ; men framför allt älskar jag dig, emedan du är min bäste Fader och det högsta, fullkomligaste goda, som är all kärlek värd. Av kärlek till dig vill jag även älska min nästa, vän eller ovän, såsom mig själv. I denna kärlek vill jag leva och dö. Upptänd, o Gud, min kärlek till dig. Amen!

Ånger och föresats.

Min Herre och Gud! Jag ångrar av hela mitt hjärta alla mina synder, emedan jag därigenom gjort mig skyldig till ditt rättvisa straff både i denna och i den tillkommande världen; men framför allt ångrar jag dem, emedan jag genom mina synder har förolämpat dig, min bäste Fader och störste välgörare, det högsta fullkomligaste goda, som är all kärlek värd. Jag avskyr alla mina synder och fattar den uppriktiga föresatsen att bättra mitt liv och icke mera synda. Giv mig, o Gud, din nåd därtill! Amen!

Den goda meningen.

Min Herre och Gud! I Jesu namn offrar jag åt dig alla mina krafter, mitt förstånd, min vilja och mitt hjärta. Jag tillägnar dig alla mina tankar, ord och gärningar, hela mitt liv! Må allt, vad jag gör, ävensom allt, vad jag kan komma att lida, lända till din ära och mitt eviga bästa, genom Jesus Kristus vår Herre. Amen.

Morgonbön.

I Faderns och Sonens och den Helige Andes namn. Amen.

Min Herre och Gud, jag tillbeder dig! Jag tackar dig för alla välgärningar, som jag av din hand mottagit, framför allt för att du i natt så huldrikt beskyddat mig och givit mig sömn och vila.

Himmelske Fader! Din godhet har givit mig denna nya dag; jag vill använda den efter din heliga vilja.

(Tänk nu ett ögonblick över, vad du under dagens lopp framför allt har att göra eller att akta dig för; bed så »den goda meningen».)

Välsigna mig, o Herre, till kropp och själ, giv mig insikt och kraft till att kunna uppfylla alla mina plikter, bevara mig denna dag för synd och för allt ont och låt mig bliva till hjälp och uppbyggelse för min nästa.

Välsigna likaledes alla mina kära, alla dem, som jag står i tacksamhetsskuld till, och alla människor, särskilt dem, som i denna morgonstund anropa din hjälp.

X

(Fader vår ... Hell dig, Maria ... Guds ängel ...)

Må den allsmäktige Gudens välsignelse † Faderns och Sonens och den Helige Andes komma över oss och förbliva alltid hos oss. Amen.

Aftonbön.

I Faderns och Sonens och den Helige Andes namn. Amen.

Nu, då dagen är slut, vänder jag åter min själ till dig, o Herre! Jag tror på dig, föröka min tro; jag hoppas på dig, styrk mitt hopp; jag vill älska dig, giv mig den sanna kärleken till dig.

Himmelske Fader! Jag tackar dig för all den nåd, som du denna dag har givit mig, för alla de välgärningar, du har bevisat mig.

Jag anropar din barmhärtighet, att du under den kommande natten ville bevara mig för all frestelse och fara, för sjukdom och död och för allt ont både till kropp och själ.

(Rannsaka nu ditt samvete för alla tankar, ord och gärningar under dagens lopp; bed så »ånger och föresats».)

Bistå oss, o Herre, medan vi vaka, beskydda oss, då vi sova, att vi må vaka med Kristus och vila i frid. Amen.

(Fader vår... Till ditt beskydd... Guds ängel...)

Välsigne mig den allsmäktige Guden, † Fadern och Sonen och den Helige Ande. Amen.

Må alla avlidna kristtrognas själar genom Guds barmhärtighet vila i frid.

Bordsböner.

Före måltiden.

I Faderns och Sonens och den Helige Andes namn. Amen.

»Allas ögon lita på dig, o Herre, och du giver dem mat i rättan tid; du upplåter din hand och uppfyller allt, som lever med välsignelse!»

Herre, förbarma dig över oss! Kristus, förbarma dig över oss! Herre förbarma dig över oss!
Fader vår, ...
Välsigna oss, o Herre, och dessa dina gåvor, som vi av din milda godhet skola mottaga, genom Kristus, vår Herre. Amen.

Efter måltiden.

I Faderns och Sonens och den Helige Andes namn. Amen.
Herre, himmelske Fader! Vi tacka dig för alla dina välgärningar, som vi av din milda godhet mottagit, du som lever och regerar Gud från evighet till evighet. Amen.
Ära vare Fadern.
Förläna, o Herre, vi bedja dig, för ditt heliga namns skull, alla våra välgörare det eviga livet. Amen.
Må alla avlidna kristtrognas själar genom Guds barmhärtighet vila i frid! Amen.

Herrens ängel.

Herrens ängel kom till Maria med bebådelsen; — och hon blev undfången av den Helige Ande.
Hell dig, Maria ...
Se, jag är Herrens tjänarinna; — varde mig efter ditt tal!
Hell dig, Maria ...
Och Ordet vart kött; — och bodde ibland oss.
Hell dig, Maria ...
Bed för oss, heliga Guds Moder!
Att vi må värdiga varda Kristi löften.
Vi bedja dig, o Herre, ingjut din nåd i våra hjärtan, på det att vi, som genom ängelns bebådelse hava fått kunskap om Kristi, din Sons, mandomsanammelse, genom hans pina och kors måtte komma till uppståndelsens härlighet, genom samme Kristus, vår Herre. Amen.

Rosenkransen.

Jag tror på Gud... Ära vare Fadern... Fader vår... 3 Hell dig, Maria..., efter namnet Jesus tillägges:

1. Som föröke i oss tron.
2. Som styrke i oss hoppet.
3. Som upptände i oss kärleken.

Sedan följa 5 led, varje bestående av 1 Fader vår..., 10 Hell dig, Maria... och 1 Ära vare Fadern... I varje Hell dig, Maria... tillägger man efter namnet Jesus en av de följande hemligheter, vilkas innehåll man betraktar, medan man beder rosenkransen.

I. *De glädjerika hemligheterna.*

1. Som du, o Jungfru, har undfått av den Helige Ande.
2. Som du, o Jungfru, har burit till Elisabeth.
3. Som du, o Jungfru, har fött i Betlehem .
4. Som du, o Jungfru, har framburit i templet.
5. Som du, o Jungfru, har återfunnit i templet.

II. *De smärtorika hemligheterna.*

1. Som för oss har svettats blod.
2. Som för oss har blivit hudflängd.
3. Som för oss har blivit krönt med törnen.
4. Som för oss har burit korset.
5. Som för oss har blivit korsfäst.

III. *De ärorika hemligheterna.*

1. Som har uppstått ifrån de döda.
2. Som har uppfarit till himmelen.
3. Som har sänt oss den Helige Ande.
4. Som har upptagit dig, o Jungfru, i himmelen.
5. Som har krönt dig, o Jungfru, i himmelen.

Hell dig, o drottning.

Hell dig, o drottning, barmhärtighetens moder, vårt liv, vår fröjd och vårt hopp, hell dig! Till dig ropa vi, Evas landsflyktiga barn; till dig sucka vi sörjande och gråtande i denna tårarnas dal. Vänd därföre, du vår förespråkerska, vänd dina ömma blickar till oss och efter denna landsflykt visa oss Jesus, din välsignade livsfrukt! O milda, o hulda, o ljuva Jungfru Maria!

Påminn dig.

Påminn dig, o mildaste Jungfru Maria, att det ännu aldrig blivit hört, det någon, som tagit sin tillflykt till dig, anropat din hjälp och åstundat din förbön, har blivit övergiven. Livad av denna förtröstan skyndar jag till dig och tager min tillflykt till dig, jungfrurnas Jungfru, Moder! Förkasta icke, du Ordets moder, mina ord, utan hör mig nådeligen och bönhör mig! Amen.

Till ditt beskydd.

Till ditt beskydd fly vi, heliga Guds Moder, försmå icke vår ödmjuka bön i vår nöd, utan befria oss städse från alla faror, du ärorika och välsignade jungfru. Amen.

Till skyddsängeln.

Guds ängel, som beskyddar mig! Den Högstes faderskärlek har anförtrott mig i din vård; så vaka över mig, värna om mig, upplys och vägled mig i dag och alla mina livsdagar. Amen.

Andlig Kommunion.

Jesus Kristus i Altarets heliga sakrament! Jag tillbeder dig, min själ längtar efter dig. Kom till mitt hjärta med din nåd, till dess jag får mottaga dig i din kärleks Sakrament. Amen.

Den katolska hälsningen.

Lovad vare Jesus Kristus,
I all evighet. Amen!

Det latinska kyrkospråkets vanligaste ord och uttryck.

Dominus	Herren	coelum	himmel
Deus	Gud	terra	jorden
Pater	Fader	mater	moder
Filius	Son	virgo	jungfru
Spiritus	Ande	gratia	nåd
sanctus	helig	gloria	härlighet
omnipotens	allsmäktig	unitas	enhet
aeternus	evig	meus	min
sempiternus	evig	tuus	din
quaesumus	vi bedja	noster	vår

Dominus vobiscum.	Herren vare med Eder.
Et cum spiritu tuo.	Och med din ande.
Oremus.	Låtom oss bedja.
Gloria in excelsis Deo et in terra pax hominibus.	Ära vare Gud i höjden och på jorden frid åt människorna.
Credo in unum Deum.	Jag tror på en Gud.
Per omnia saecula saeculorum.	Genom alla evigheters evighet.
Per Dominum nostrum Jesum Christum filium tuum, qui tecum vivit et regnat in unitate Spiritus Sancti, Deus...	Genom vår Herre Jesus Kristus, din Son, som med dig lever och regerar i den Helige Andes enhet, Gud...
Sanctus, sanctus, sanctus Dominus Deus Sabaoth.	Helig, helig, helig är Herren, Gud Sebaoth.
Pleni sunt coeli et terra gloria tua.	Himmelen och jorden äro fulla av din härlighet.
In nomine Patris et Filii et Spiritus Sancti.	I Faderns och Sonens och den Helige Andes namn.
Benedicat vos omnipotens Deus, Pater, et Filius, et Spiritus Sanctus.	Välsigne Eder den allsmäktige Guden, Fadern och Sonen och den Helige Ande.

Pater noster, qui es in coelis.

Fader vår, som är i himmelen.

Ave Maria, gratia plena Dominus tecum.

Hell dig, Maria, full av nåd, Herren är med dig.

Sancta Maria, mater Dei.

Heliga Maria, Guds Moder.

Mea culpa, mea maxima culpa.

Min skuld, min största skuld.

Absolvo te a peccatis tuis.

Jag löser dig från dina synder.

Corpus Domini nostri Jesu Christi custodiat animam tuam in vitam æternam. Amen.

Vår Herre Jesu Kristi lekamen bevare din själ till det eviga livet. Amen.

Gloria Patri et Filio et Spiritui Sancto, sicut erat in principio et nunc et semper et in saecula saeculorum.

Ära vare Fadern och Sonen och den Helige Ande, som det var i begynnelsen, så nu och alltid och i all evighet.

Ite, missa est.

Gån, mässan är fullbordad.

Deo gratias.

Gud ske tack!

Benedictio Dei omnipotentis Patris et Filii et Spiritus Sancti descendat super vos et maneat semper.

Guds den allsmäktiges välsignelse Faderns och Sonens och den Helige Andes komme över eder och förblive alltid.

Panem de coelo praestitisti eis

Bröd ifrån himmelen har du givit dem,

omne delectamentum in se habentem.

som innehåller i sig all ljuvlighet.

———

R. I. P.
Requiescat in pace.

Må han vila i frid.

KATOLSK
KATEKES

2.

Inledning.

1. Varför äro vi på jorden?

Vi äro på jorden för att göra Guds vilja och därigenom komma till himmelen.

»Vad gagnar det människan, om hon vinner hela världen men tager skada till sin själ?» (Matt. 16:26.)

2. Vad begär Gud av oss?

Gud vill, att vi skola

    1. **tro hans lära,**
    2. **hålla hans bud,**
    3. **begagna hans nådemedel.**

Vår religionslära är det viktigaste vi hava att lära känna och förstå.

»Saliga äro de, som höra Guds ord och bevara det!» (Luk. 11:28.)

Första huvudstycket.

Tron.

»Utan tro är det omöjligt att behaga Gud.» (Hebr. 11:6.)

»Det finns ingen större rikedom, ingen dyrbarare skatt än den katolska tron.» (Den helige Augustinus.)

Den apostoliska trosbekännelsen.

1. Jag tror på Gud, den allsmäktige Fadern, himmelens och jordens skapare,
2. och på Jesus Kristus, hans ende Son, vår Herre,
3. vilken blev avlad av den Helige Ande, född av jungfru Maria,
4. pinad under Pontius Pilatus, korsfäst, död och begraven,
5. nedsteg till dödsriket, uppstod på tredje dagen igen ifrån de döda,
6. uppfor till himmelen, sitter på Guds, den allsmäktige Faderns, högra hand,
7. därifrån han skall igenkomma till att döma de levande och de döda.
8. Jag tror på den Helige Ande,
9. den heliga katolska Kyrkan, de heligas samfund,
10. syndernas förlåtelse,
11. köttets uppståndelse
12. och ett evigt liv. Amen.

Apostolisk kallas denna trosbekännelse, emedan den härstammar från apostlarnas tid.

Den apostoliska trosbekännelsen innehåller tolv delar; dessa kallas trosartiklar.

»Jag tror.»

Ordet tro har i katolska läran en bestämd mening, nämligen att skänka Gud tilltro, att orubbligt hålla något för sant, emedan Gud har sagt det.

3. Vad måste vi tro?

Vi måste tro allt, vad Gud har uppenbarat.

Uppenbara betyder att meddela, förkunna eller bekantgöra fördolda ting. I stället för »allt vad Gud har uppenbarat» kan man även säga: de gudomliga uppenbarelserna.

4. Varför måste vi orubbligt tro på de gudomliga uppenbarelserna?

Vi måste orubbligt tro på de gudomliga uppenbarelserna, emedan Gud icke kan misstaga sig eller säga en osanning.

Guds ord är alltid sant, även när vi människor icke förstå det.

»Utan tron är det omöjligt att behaga Gud.» (Hebr. 11: 6.) — Kristus säger:

»Den, som icke tror, han skall varda fördömd.» (Mark. 16: 16.)

5. Vem lär oss, vad Gud har uppenbarat?

Den katolska Kyrkan lär oss, vad Gud har uppenbarat.

Påven och de med honom förenade biskoparna förkunna den katolska Kyrkans lära.

Dem gälla orden: *»Gån ut och lären alla folk!»*. (Matt. 28: 19.)

6. Varifrån hämtar den katolska Kyrkan de gudomliga uppenbarelserna?

Den katolska Kyrkan hämtar de gudomliga uppenbarelserna ur den Heliga Skrift och traditionen.

M å n g a gudomliga uppenbarelser äro under den Helige Andes ingivelse och ledning n e d s k r i v n a i heliga böcker, som höra till den H e l i g a S k r i f t. — A n d r a gudomliga uppenbarelser hava endast p r e d i k a t s av apostlarna och sedan av Kyrkan troget bevarats. Dessa kallas t r a d i t i o n e n eller arvläran. Traditionens flesta läror blevo ej långt efter apostlarnas tid upptecknade av heliga och lärda män, kyrkofäder.

Den Heliga Skrift och arvläran kallas d e b å d a t r o s k ä l l o r n a. Genom den Helige Andes bistånd hava troskällorna oförfalskat bevarats i Kyrkan.

B i b e l n e n s a m är icke tillräcklig för att lära oss, vad vi måste tro, ty den innehåller icke a l l t, vad Gud har uppenbarat; därför är också arvläran nöd-

6

vändig. — Bibeln säger icke ens, vilka böcker den omfattar. Detta lär Kyrkan oss. — Bibeln innehåller gudomliga hemligheter. Ledd av den Helige Ande, förklarar Kyrkan för oss deras sanna mening.
7. Hur indelas den Heliga Skrift?

Den Heliga Skrift indelas i Gamla och Nya testamentets böcker.

Gamla testamentets böcker äro skrivna före Kristus, Nya testamentets efter Kristus. — Böckerna kallas stundom helt enkelt »Gamla testamentet» och »Nya testamentet». Gamla testamentet innehåller 45 böcker, Nya testamentet 25.

Gamla testamentets böcker äro:

21 historiska böcker: De 5 Moseböckerna, Josua, Domarboken, Rut, de 4 Konungaböckerna, de 2 Krönikeböckerna, Esra, Nehemja, Tobias, Judit, Ester, de 2 Mackabéerböckerna.

7 läroböcker: Job, Psaltaren, Ordspråksboken, Predikaren, Höga Visan, Visheten, Syrak.

17 profetiska böcker: Jesaja, Jeremia, Baruk, Hesekiel, Daniel (även kallade: de Stora profeterna); Hosea, Joel, Amos, Obadja, Jona, Mika, Nahum, Habackuk, Sefanja, Haggai, Sakarja, Malaki (de s. k. Mindre profeterna).

Nya testamentets böcker äro:

5 historiska böcker: De 4 evangelierna enligt Matteus, Markus, Lukas och Johannes samt Apostlagärningarna av den helige Lukas.

21 lärobrev (apostoliska brev): 14 brev av den helige Paulus, nämligen 1 till romarna, 2 till korintierna, 1 till galaterna, 1 till efesierna, 1 till filipperna, 1 till kolosserna, 2 till tessalonikerna, 2 till Timoteus, 1 till Titus, 1 till Filemon, 1 till hebréerna; 7 brev av andra apostlar, nämligen 1 av den helige Jakobus, 2 av den helige Petrus, 3 av den helige Johannes, 1 av den helige Judas Taddeus.

1 profetisk bok, nämligen Uppenbarelseboken (Apokalypsen) av den helige Johannes.

Alla katoliker få läsa Bibeln, och Kyrkan önskar, att vi ivrigt läsa den. Dock måste översättningen vara försedd med förklaringar och godkänd av Kyrkan.

Första trosartikeln.

»Jag tror på Gud den allsmäktige Fadern, himmelens och jordens skapare.»

1. Gud och hans egenskaper.

Gud är den oändligt fullkomlige anden, himmelens och jordens skapare, från vilken allt gott kommer.

Vi kalla Gud en ande, emedan han har förstånd och fri vilja, men icke någon kropp.

»Gud är en ande.» (Joh. 4:24.) Den Heliga Skrift talar visserligen om Guds öga, öron, händer, men detta är blott b i l d l i g t. — Gud har icke någon kropp, därför kunna vi icke se honom; Gud är o s y n l i g.

Vi kalla Gud o ä n d l i g t fullkomlig, emedan han äger alla goda egenskaper utan gräns.

Gud är evig och oföränderlig, allestädes närvarande, allvetande, allvis och allsmäktig, han är oändligt helig och rättfärdig, god och barmhärtig, sannfärdig och trofast.

8. Varför säga vi: Gud är evig?

Vi säga: Gud är evig, emedan han alltid har varit och alltid skall vara.

Gud har ingen början och intet slut. *»Förrän bergen voro till och jorden danades och världsalltet, är du, Gud, från evighet till evighet.»* (Ps. 89:2.)

Gud förblir alltid lika fullkomlig och ändrar aldrig sig själv eller sina avsikter. Därför säga vi: Gud är o f ö r ä n d e r l i g.

Som du var i begynnelsen, så är du nu och alltid och i all evighet. Amen.

9. Varför säga vi: Gud är allestädes närvarande?

Vi säga: Gud är allestädes närvarande, emedan han är överallt både i himmelen och på jorden.

Aposteln Paulus lär: *»Gud är icke fjärran från var och en av oss; ty i honom leva vi och röra oss och ha vår tillvaro».* (Apg. 17:27, 28.)

> Var jag är och vad jag gör,
> Gud mig alltid ser och hör.

10. Varför säga vi: Gud är allvetande?

Vi säga: Gud är allvetande, emedan han vet allting; han vet det förflutna, det närvarande och det tillkommande, även våra hemligaste tankar.

Gud har genom profeterna förkunnat många ting flera århundraden i förväg.

Gud kallas också a l l v i s, emedan han förstår att i n r ä t t a allt på bästa sätt för att nå sina avsikter.

Ex. Gossen Moses blev genom Guds visa försyn räddad, Josef upphöjd. — »*Allt har du med vishet gjort.*» (Ps. 103: 24.) Detta visar oss årstidernas växling, stjärnhimmeln.

»V a d G u d g ö r, ä r v ä l g j o r t.»

11. Varför säga vi: Gud är allsmäktig?

Vi säga: Gud är allsmäktig, emedan han förmår göra allt, vad han vill. »För Gud är ingenting omöjligt.» (Luk. 1: 37.)

Ex. Guds allmakt visade sig vid skapelsen och vid undren.

»*Är Gud för oss, vem kan då vara emot oss?*» (Rom. 8: 31.), (d. v. s. vem kan då skada oss?)

12. Varför säga vi: Gud är helig?

Vi säga: Gud är helig, emedan han älskar det goda och avskyr det onda.

Profeten Jesaia hörde himmelens änglar sjunga: »*Helig, helig, helig är Herren, härskarornas Gud.*» (Jes. 6: 3.)

»*I skolen vara heliga, emedan jag, Herren, eder Gud, är helig!*» (3 Mos. 19: 2.)

13. Varför säga vi: Gud är rättfärdig?

Vi säga: Gud är rättfärdig, emedan han belönar det goda och bestraffar det onda; »han skall vedergälla var och en efter hans gärningar.» (Rom. 2: 6.)

Ofta bestraffar Gud det onda redan här på jorden (ex. syndafloden, Sodom); men ofta går det här de goda dåligt och de onda väl (jfr liknelsen om den rike mannen och den fattige Lasarus).

Den f u l l k o m l i g a l ö n e n eller det f u l l a s t r a f f e t får människan först i livet efter detta. Dock är ingen gudlös människa verkligt lycklig i detta livet och heller ingen rättfärdig verkligt olycklig.

»Om skalkar locka dig, så följ icke!» (Ords. 1:10.)

14. Varför säga vi: Gud är god?

Vi säga: Gud är god, emedan han är full av godhet mot alla skapade varelser och bevisar dem otaliga välgärningar.

I synnerhet är Gud god mot oss m ä n n i s k o r.

»Så har Gud älskat världen, att han utgav sin enfödde Son.» (Joh. 3:16.)
»Loven Herren, ty han är god!» (Ps. 106:1.)

15. Varför säga vi: Gud är barmhärtig?

Vi säga: Gud är barmhärtig, emedan han gärna förlåter varje botfärdig syndare.

»Så sant jag lever, säger Herren, vill jag icke den gudlöses död, utan att han omvänder sig ifrån sin väg och lever!» (Hes. 33:11.) Ingen syndare får förtvivla: var och en skall säga med den förlorade sonen: *»Jag vill stå upp och gå till min fader!»* (Luk. 15:18.)

Gud är även l å n g m o d i g. Han väntar ofta länge, innan han straffar syndaren. Gud vill giva honom tid att bättra sig.

Jfr liknelsen om det ofruktbara fikonträdet.

16. Varför säga vi: Gud är sannfärdig?

Vi säga: Gud är sannfärdig, emedan han alltid talar sanning; han kan varken misstaga sig eller leda i villfarelse.

17. Varför säga vi: Gud är trofast?

Vi säga: Gud är trofast, emedan han håller sitt ord, både när han lovar och hotar.

Ex. Gud hotade våra stamföräldrar med döden, gav sedan löftet om Frälsaren; han har hållit sitt ord.

10

Jesus säger: *»Himmel och jord skola förgås, men
mina ord skola aldrig förgås.»* (Matt. 24:35.)

18. Hur har Gud givit sig tillkänna för människorna?

Gud har givit sig tillkänna för människorna
   1. genom den synliga världen,
   2. genom samvetets röst,
   **3. framför allt genom den gudomliga uppen-
      barelsen.**

1. Intet hus uppstår av sig självt. Ännu mycket mind-
re kan den stora världsbyggnaden
med sina underbara inrättningar hava uppstått av
sig själv. En allsmäktig och allvis skapare måste
ha byggt den. Därför säger den Heliga Skrift:
*»Himlarna förtälja Guds härlighet, och fästet för-
kunnar hans händers verk».* (Ps. 18:2.) — Ingen
växt, intet djur, ingen människa kan själv giva sig
livet. Från början måste alltså Gud ha givit livet
åt de första plantorna, djuren och människorna.
*»Fråga djuren, de lära dig det; himmelens fåglar,
de förkunna det; fråga jorden, den svarar dig, och
havets fiskar berätta dig det: Vem vet ej, att Her-
rens hand har gjort allt?»* (Job 12:7.) Blott *»då-
ren säger: det finnes ingen Gud».* (Ps. 13:1.)

2. Inom oss finnes en röst, som säger oss, vad som är
gott och vad som är ont. Göra vi det goda, beröm-
mer den oss, göra vi det onda, klandrar den oss.
Vi kalla den samvetet. Vi ha icke själva givit
oss samvetet; vi kunna heller icke driva det bort.
Varifrån kommer det? Det är ifrån Gud, som skri-
vit sin heliga lag i vårt hjärta. Aposteln Paulus
säger: *»Hedningarna visa, att lagen är skriven i
deras hjärtan, då deras samvete vittnar för dem».*
(Rom. 2:15.)

3. Bäst och fullkomligast lära vi känna Gud och alla
hans egenskaper genom uppenbarelsen.
*»Fordom talade Gud många gånger och på många-
handa sätt till fäderna genom profeterna, men
slutligen i dessa dagar har han talat till oss genom
Sonen.»* (Hebr. 1:1.)
*»Världarnas konung, den odödlige, osynlige, ende
Guden vare pris och ära i all evighet!»* (1 Tim. 1:17.)

2. Den treenige Guden.

19. Varför kalla vi Gud treenig?

Vi kalla Gud treenig, emedan han är en i tre personer.

20. Vilka äro de tre personerna i Gud?

De tre personerna i Gud äro Fadern, Sonen och den Helige Ande.

Var och en av de tre personerna är sann Gud. Men de tre gudomliga personerna äro blott e n Gud.

»Lären alla folk och döpen dem i Faderns och Sonens och den Helige Andes namn!» (Matt. 28:19.) — Vid Jesu dop i Jordan uppenbarade sig alla tre personerna samtidigt. — Vi bedja i litaniornas början: Gud Fader i himmelen, Guds Son, världens Frälsare, Gud Helige Ande ...

Läran om den allraheligaste Trefaldigheten är en stor hemlighet. Vi kunna icke fatta den; därtill fordras gudomligt förstånd. Vårt förstånd fattar icke ens alla synliga, skapade ting, så mycket mindre kan det då fatta Gud. Därför utropade redan profeten: *»Stor är du, o Gud, och ofattbar för våra tankar!»* (Jer. 32:19.)

21. För vilka stora välgärningar hava vi att tacka de tre gudomliga personerna?

Gud, Fadern, har skapat oss. Gud, Sonen, har återlöst oss. Gud, den Helige Ande, har helgat oss.

Därför kallas Fadern även S k a p a r e n, Sonen Å t e r l ö s a r e n och den Helige Ande H e l i g g ö r a r e n.

Det heliga korstecknets ord erinra oss om denna upphöjda hemlighet. Hur andäktigt böra vi icke därför uttala dem! Likaså litanians ord: Heliga Trefaldighet, en ende Gud! — Den Heliga Trefaldighetens fest firas första söndagen efter pingst.

»Ä r a v a r e F a d e r n o c h S o n e n o c h d e n H e l i g e A n d e; s o m d e t v a r i b e g y n n e l s e n, s å n u o c h a l l t i d o c h i a l l e v i g h e t! A m e n.»

3. Gud och världen.

A. Hela världen.

22. Vem har skapat världen?

Gud har skapat världen. »I begynnelsen skapade Gud himmel och jord.» (1 Mos. 1: 1.)

Gud har s k a p a t världen, d. v. s. han har genom sin allsmäktiga vilja f r a m b r a g t d e n a v i n t e t.

23. Vartill har Gud skapat världen?

Gud har skapat världen till sin ära och till de skapade varelsernas bästa.

Världen vittnar om hur mäktig, god och vis G u d är. — Framför allt skola de av Gud skapade tingen tjäna oss m ä n n i s k o r till vårt timliga och eviga väl.

24. Vad gör Gud ännu alltjämt för världen?

Gud uppehåller och styr världen.

Gud u p p e h å l l e r världen, d. v. s. Gud gör att världen består, så länge det behagar honom.

Gud s t y r världen, d. v. s. Gud sörjer för alla sina skapade varelser och leder allt i världen med vishet och godhet. — Ingenting i världen sker, utan att Gud vill det eller tillåter det. Därför säger Kristus: *»Köper man icke två sparvar för en skärv? Och dock faller icke en enda av dem till marken eder Fader förutan».* (Matt. 10:29.)

Gud sörjer med särskild kärlek för oss m ä n- n i s k o r, framför allt att vi må bliva h e l i g a och komma till honom i himmelen (d e n g u- d o m l i g a Försynen).

Dåraktiga människor tvivla på Guds försyn, emedan han låter lidande komma över oss och icke alltid hindrar det onda.

25. Varför låter Gud smärta och lidande komma?

Gud låter smärta och lidande komma, för att vi

skola göra bot för våra synder och förvärva oss himmelsk lön.

Jesus sade till sina lärjungar: *»Saliga ären I, när människorna smäda och förfölja eder och ljugande säga allt ont emot eder för min skull! Glädjens och fröjden eder; ty eder lön är stor i himmelen.»* (Matt. 5:11, 12.)

Gud menar alltid väl med oss, även när han sänder lidanden; han vet bäst, vad som är gott och hälsosamt för oss.

»Den Gud älskar, den agar han.» (Hebr. 12:6.)

Det sker också mycket o n t i världen. Detta kommer från människornas förvända vilja, icke från Gud. Gud v i l l i c k e det onda, han endast låter det ske.

26. Varför låter Gud det onda ske?

Gud låter det onda ske, emedan han förstår att leda även det onda till godo.

Den egyptiske Josef sade till sina bröder: *»I tänkten ont emot mig, men Gud har vänt det till godo».* (1 Mos. 50:20.) »Människan spår, men Gud rår», säger ordspråket. *»Vi veta, att för dem, som älska Gud, samverkar allt till det bästa.»* (Rom. 8:28.)

B. Änglarna.

De förnämsta av Guds skapelser äro ä n g l a r n a.

Änglarna hava förstånd och fri vilja, men ingen kropp. De äro andar.

Alla änglar voro från början goda och lyckliga samt utrustade med härliga gåvor.

27. Vilken var den härligaste gåva, som Gud skänkt änglarna?

Den härligaste gåva, som Gud skänkt änglarna, var den heliggörande nåden.

14

Änglarna skulle bliva ännu lyckligare: de skulle skåda Gud och bliva saliga i Gud. Av egen kraft kunde de det icke. Därför hade Gud givit dem den heliggörande nåden. Den heliggörande nåden och allt, som leder till den eviga saligheten, övergår de naturliga krafterna hos såväl människor som änglar. Därför kallas dessa gåvor övernaturliga.

Änglarna hava emellertid icke utan vidare uppnått saligheten; först måste de bestå ett prov. — Många änglar förblevo Gud trogna och uppnådde den eviga saligheten; en del av änglarna syndade och blevo nedstötta till helvetet.

De utstötta änglarna blevo alltigenom onda och olyckliga. De hata Gud och människorna. De kallas onda andar eller djävlar. — De trogna änglarna äro alltigenom goda och lyckliga. De äro fulla av kärlek till Gud och oss människor.

28. Hur visa de goda änglarna sin kärlek till oss?

De goda änglarna beskydda oss till kropp och själ, de bedja för oss och uppmuntra oss till det goda.

Gud har givit varje människa en ängel, som särskilt älskar och skyddar henne. Det är den heliga skyddsängeln.

»Gud har givit sina änglar befallning om dig, att de skola bevara dig på alla dina vägar.» (Ps. 90: 11.)

Ex. Lot, Tobias, Petrus.

29. Hur skola vi förhålla oss till vår skyddsängel?

Vi skola älska vår skyddsängel, andäktigt åkalla honom varje dag, troget följa hans ingivelser och tänka på, att han ser oss överallt.

30. Hur visa de onda änglarna sitt hat till oss?

De onda änglarna söka att skada oss till kropp och själ och att störta oss i det eviga fördärvet.

Aposteln Petrus säger: *»Eder vedersakare, djävu-*

len, går omkring som ett rytande lejon och söker vem han må uppsluka». (1 Petr. 5:8.)

Ex. Eva, Job, Judas.

> Min ängel, vaka över mig,
> håll över mig din hand
> och för mig trygg från farans stig
> till salighetens land!

C. Människorna.

Den förnämsta bland de skapade varelserna **p å j o r d e n** är människan.

31. Varav består människan?

Människan består av kropp och själ: »Gud danade människan av jordens stoft och inblåste i hennes ansikte livets ande.» (1 Mos. 2:7.)

När människan d ö r, skiljer sig själen från kroppen och lever ensam vidare. Kroppen blir begraven och förmultnar. Gud sade till Adam efter syndafallet: *»Du är stoft, och till stoft skall du åter varda.»* (1 Mos. 3:19.) — Själen kan icke bliva till stoft, därför att den är en ande.

Människan är den förnämsta bland de skapade varelserna på jorden, emedan hon är lik Gud. *»Låtom oss göra människan till vår avbild, till att vara oss lik.»* (1 Mos. 1:26.)

32. Varigenom är människan lik Gud?

Mäniskan är lik Gud genom sin själ.

Gud är en ande, vår själ är också en ande. Gud är evig, vår själ är odödlig. Gud har förstånd och fri vilja, vår själ kan även tänka och vilja (d e n n a t u r l i g a avbilden).

De rättfärdiga äro därtill på ett särskilt sätt lika Gud.

33. Varigenom äro de rättfärdiga på ett särskilt sätt lika Gud?

De rättfärdiga äro genom den heliggörande nåden på ett särskilt sätt lika Gud.

Den heliggörande nåden gör dem till G u d s b a r n (den ö v e r n a t u r l i g a avbilden).

»Du gjorde honom till att bliva änglarnas like.» (Ps. 8:6.)

De första människorna voro Adam och Eva. Från dem härstamma alla människor.

Den härligaste gåva, Gud givit de första människorna, var den h e l i g g ö r a n d e n å d e n.

34. Vilka särskilda gåvor skänkte Gud de första människorna jämte den heliggörande nåden?

Gud skänkte de första människorna
   1. ett särskilt klart förstånd,
   2. en särskilt stark vilja,
   3. paradisets lycka.

Gud ville låta alla dessa nådegåvor såsom ett heligt arv övergå från Adam till alla hans efterkommande, om Adam höll Guds bud.

Syndafallet.

Adam och Eva överträdde Guds bud och begingo därigenom en svår synd.

35. Vad förlorade våra stamföräldrar genom synden?

Våra stamföräldrar förlorade den heliggörande nåden och de särskilda gåvorna.

De upphörde att vara Guds barn och kunde icke mer komma till himmelen. Deras förstånd fördunklades, deras vilja förlorade herraväldet över begärelserna och blev benägen till det onda; Adam och Eva utdrevos ur paradiset, måste lida mycket och slutligen dö.

»Herre, du är rättfärdig och dina domar äro rättvisa.» (Ps. 118:137.)

36. I vilken olycka har Adams synd störtat alla människor?

Från Adam går synden och dess ödesdigra följder i arv till alla människor.

»Genom en enda människa har synden kommit in i världen och genom synden döden, och så har döden kommit över alla människor därför att alla hava syndat.» (Rom. 5:12.)

Denna synd kallas **arvsynd**. Den består däri, att vi alla komma till världen **utan den heliggörande nåden**, som vi enligt Guds avsikt skulle ha fått i arv efter Adam.

Endast Guds Moder har blivit bevarad fri från arvsynden. Därför kallas hon den »obefläckat avlade». Den obefläckade avlelsens fest firas den 8 december.

Till de följder, som vi med arvsynden ärva från Adam, hör den onda begärelsen. *»Det mänskliga hjärtats uppsåt är ont allt ifrån ungdomen.»* (1 Mos. 8:21.)

Om den onda begärelsen talar aposteln Johannes med orden: *»Allt som är i världen, köttets begärelse och ögonens begärelse och livets högfärd, det är icke av Fadern, utan av världen».* (1 Joh. 2:16.)

Köttets begärelse är oordnat begär efter kroppsliga njutningar (hit hör t. ex. begivenhet på godsaker, omåttlighet, okyskhet). — **Ögonens begärelse** är oordnat begär efter penningar och ägodelar (hit hör t. ex. oärlighet, vinningslystnad, girighet). — **Livets högfärd** är oordnat begär efter frihet, rykte och ära (hit hör t. ex. olydnad, fåfänga, skrytsamhet).

Med den onda begärelsen sammanhänga de **onda böjelserna**, som kunna bliva källor till talrika synder.

Det finnes huvudsakligen 7 onda böjelser: högmod, girighet, okyskhet, avund, omåttlighet i mat och dryck, vrede och lättja.

»Följ icke ditt hjärtas begär, även då du kan det!» (Syr. 5:2.)

3.

18

37. Vilken var den svåraste följden av den första
synden?

Människorna kunde icke längre komma till himmelen.

Människorna själva kunde icke åter gottgöra denna orätt, men Gud har förbarmat sig över dem.

Löftet om Återlösaren.

38. Hur har Gud efter syndafallet förbarmat sig över
människorna?

Gud har genast efter syndafallet givit människorna löftet om Återlösaren, och sedermera har han sänt honom.

»Jag skall sätta fiendskap mellan dig och kvinnan, mellan din säd och hennes säd. Denna skall söndertrampa ditt huvud, och du skall stinga den i hälen.»
(1 Mos. 3:15.)

Återlösaren (Frälsaren) skulle åter lösa, befria (frälsa) människorna från s y n d e n s s k u l d och från G u d s v r e d e.

För att förbereda människorna till Återlösarens ankomst, sände Gud den ene profeten efter den andre. Dessa skulle genom sina profetior vittna om den kommande Återlösaren.

Århundraden i förväg ha profeterna förkunnat många enskildheter om Återlösaren, t. ex.: Han skulle födas i Betlehem (Mik. 5:2) och komma vid en tid, då de 70 årsveckorna (7 gånger 70 år) förgått efter den babyloniska fångenskapen (Dan. 9:25); han skulle födas av en jungfru (Jes. 7:14) och genom sin lära (Jes. 61:1 f.) och genom sina under (Jes. 35:4 ff.) väcka stort uppseende. Särskilt noggrant ha profeterna förutsagt Frälsarens lidande: Han skulle bliva såld för 30 silverpenningar (Sak. 11:12), gisslad (Jes. 53:5), spottad i ansiktet (Jes. 50:6); hans händer och fötter skulle man genomborra, skifta hans kläder mellan sig och kasta lott om hans klädnad (Ps. 21:19) och giva honom ättika och galla att dricka (Ps. 68:22). Slutligen ha de även förutsagt, att han skulle uppstå från de döda (Ps. 15:10, Jes. 11:10) och uppfara till himmelen (Ps. 67:19).

Efter syndafallet dröjde det flera tusen år, innan den utlovade Återlösaren kom.

Människorna måste först erfara, i vilket elände synden störtat dem, och att ingen annan än Gud kunde rädda dem. Minnet av denna tid, då man ropade efter Frälsaren, fira vi i adventstiden.

»Drypen, himlar, ifrån ovan, skyar regnen den Rättfärdige ned! Må jorden öppna sig och låta Frälsaren framspira!» (Jes. 45: 8.)

Andra trosartikeln.

»Och på Jesus Kristus, hans ende Son, vår Herre.»

Jesus Kristus är sann Gud.

39. Vem är Återlösaren, som Gud har sänt?

Återlösaren är Jesus Kristus, Guds enfödde Son, vår Herre.

I honom hava alla profetior om Återlösaren gått i uppfyllelse.

Namnet J e s u s betyder f r ä l s a r e, å t e r l ö-s a r e; *»du skall giva honom namnet Jesus, ty han skall frälsa sitt folk ifrån deras synder»*. (Matt. 1: 21.) — K r i s t u s betyder den s m o r d e. — Guds e n-f ö d d e Son är lika med Guds e n d e Son.

40. Vad bekänna vi i andra trosartikeln?

I andra trosartikeln bekänna vi, att Jesus Kristus är Guds Son och sann Gud.

Redan profeten Esaias hade siat: *»Gud själv skall komma och frälsa eder»*. (Jes. 35: 4.) I litaniornas början bedja vi: »Guds Son, världens Frälsare, förbarma dig över oss!»

Den, som icke tror, att Jesus Kristus är s a n n G u d, kan icke göra anspråk på namnet Kristen.

41. Vem har i den Heliga Skrift vittnat om, att Jesus
Kristus är sann Gud?

Att Jesus Kristus är sann Gud, därom ha vittnat
1. den himmelske Fadern,
2. Frälsaren själv,
3. apostlarna.

1. Vid Jesu dop och vid hans förklaring förkunnade
den himmelske Fadern: *»Denne är min älskade
Son, i vilken jag har mitt välbehag»*. (Matt. 3:17;
17:5.)

2. Frälsaren har sagt: *»Jag och Fadern äro ett»*.
(Joh. 10:30.) Då aposteln Petrus bekände: *»Du
är Kristus, den levande Gudens Son»*, svarade ho-
nom Frälsaren: *»Icke kött och blod ha uppenba-
rat detta för dig, utan min Fader, som är i him-
melen»*. (Matt. 16:16 f.) På översteprästens frå-
ga, om han var Kristus, Guds Son, förklarade han:
»Jag är det». (Mark. 14:62.)

Genom sina under, sina förutsägelser och sitt
heliga liv har Jesus bekräftat sina ord. Därför
måste vi skänka dem vår tilltro. Han har t. o. m.
gått i döden för detta sitt vittnesbörd om sig.

3. Aposteln Johannes lär: *»Denne är den sanne Gu-
den»*. (1 Joh. 5:20.) Aposteln Paulus säger: *»I
honom bor gudomens hela fullhet lekamligen»*.
(Kol. 2:9.) Han kallas Jesus: *»Gud, högtlovad i
evighet»*. (Rom. 9:5.)

Vi kalla Jesus Kristus **v å r H e r r e**, emedan han
är Gud och emedan han är vår Frälsare, som återlöst
oss med sitt blod.

Vi bekänna med aposteln Tomas: *»Min Herre och
min Gud!»* (Joh. 20:28.)

Tredje trosartikeln.

»Vilken blev avlad av den Helige Ande,
född av jungfru Maria.»

Jesus Kristus är även sann människa.

42. Vad bekänna vi i tredje trosartikeln?

I tredje trosartikeln bekänna vi, att Guds Son
har blivit människa.

Detta betyder: den andra personen i gudomen har antagit en mänsklig kropp och en mänsklig själ.

Jesus Kristus är både Gud och människa; därför kallas han även Gudamänniskan. Gud är han av evighet, människa har han blivit i tiden.

Om denna mandomsanammelsens stora hemlighet påminnas vi varje gång vi bedja »Angelus»-bönen: *»Och Ordet vart kött och bodde ibland oss»*. (Joh. 1: 14.) »O r d e t» är den andra personen i gudomen. »V a r t k ö t t» d. v. s. blev människa.

43. Vem är Jesu moder?

Jesu moder är den allra saligaste jungfru Maria.

Emedan Jesus är Gud, är Maria »Guds Moder».

44. Varför vörda vi Maria på ett alldeles särskilt sätt?

Vi vörda Maria på ett alldeles särskilt sätt, emedan hon vida överträffar alla änglar och helgon

1. i värdighet och helighet,
2. i makt och i kärlek till oss.

1. Maria har den högsta v ä r d i g h e t e n näst efter Gud, ty hon är Guds Moder och himmelens drottning. — Hennes h e l i g h e t är så stor, att ängeln kunde säga till henne: »Hell dig, Maria, full av nåd».

2. Maria överträffar alla änglar och helgon genom s i n f ö r b ö n s m a k t. — Hennes k ä r l e k till oss är så stor, emedan hon är även vår moder och har utstått så mycket lidande för vår skull.

>   »Att älska Maria, min sällhet det är,
>   att henne få tjäna mitt hjärtas begär.»

45. Med vilka företräden är Maria benådad?

Maria är

1. bevarad fri från arvsynden och från egna synder,

2. hon är såsom Guds Moder tillika den renaste jungfru.

Hennes förklarade kropp är redan upptagen i himmelen. (Marie upptagelses fest: Vårfrudag den 15 augusti.)

Vi ära Guds Moder genom den Lauretanska litanian, rosenkransbönen, majandakten och många Mariafester.

46. Vem var den helige Josef?

Den helige Josef var Jesu fosterfader.

»Jesus ansågs för Josefs son.» (Luk. 3:23.) — Den helige Josef är den katolska Kyrkans skyddspatron. — Den helige Josefs fest firas den 19 mars, hans »skyddsfest» firas onsdagen i den tredje veckan efter påsk. — Jesus, Maria och Josef kallas tillsammans den Heliga Familjen.

»Jesus, Maria och Josef, åt eder anbefaller jag min kropp och min själ!»

47. Varför har Guds Son blivit människa?

Guds Son har blivit människa
1. för att gottgöra för våra synder,
2. för att återförvärva åt oss den förlorade nåden,
3. för att genom sin lära och sitt föredöme visa oss vägen till himmelen.

1. Johannes Döparen sade: *»Se Guds Lamm, som borttager världens synd».* (Joh. 1:29.)
2. *»Jag har kommit, på det att de skola hava livet och hava det över nog.»* (Joh. 10:10.)
3. Sin lära kallade Jesus Evangelium, d. v. s. det glada budskapet. Jesu lära är den fullkomligaste lära, som finns och kan finnas. (De 8 saligheterna.) Frälsarens föredöme lär oss att icke söka vår lycka i pengar, nöjen och ära (onda begärelser), utan i ett heligt liv. Han har själv fört ett så heligt liv, att han kunde säga till sina fiender: *»Vem av eder kan överbevisa mig om en synd?»* (Joh. 8:46.)

»Jag är vägen, sanningen och livet.» *»Den, som följer mig, han skall förvisso icke vandra i mörkret.»* (Joh. 14:6 och 8:12.)

Fjärde trosartikeln.

»Pinad under Pontius Pilatus, korsfäst, död och begraven.»

Jesus Kristus har svettats blod; han har blivit gisslad och krönt med törnen; han har burit det tunga korset och har blivit korsfäst.

48. Varför har Jesus Kristus utstått bitter pina och död?

Jesus Kristus har frivilligt utstått bitter pina och död av lydnad mot den himmelske Fadern och av kärlek till oss syndiga människor.

»Han blev offrad, emedan han själv ville.» (Jes. 53:7.) *»Han blev lydig in till döden, ja intill korsets död.»* (Fil. 2:8.) — *»Ingen har större kärlek, än att han giver sitt liv för sina vänner.»* (Joh. 15:13.)

Jesu Kristi frivilliga lidande och död på korset var det Nya förbundets offer.

49. Varifrån har Kristus återlöst oss?

Kristus har återlöst oss från synden och från den eviga fördömelsen.

50. Vad har Kristus förvärvat oss?

Kristus har förvärvat oss Guds nåd och arvsrätten till himmelen.

Genom hela sitt liv och framför allt genom sitt lidande och sin död har Jesus bjudit åt den himmelske Fadern den högsta tillfyllestgörelse samt förvärvat överflödande frälsning och nåd åt alla människor. Så har han blivit alla människors Frälsare.

Andakter till Kristi lidande äro: den heliga korsvägen, den smärtorika rosenkransen, andakten till Jesu heliga fem sår och till minne av hans dödsångest i Getsemane, ävensom besöket vid den heliga graven under den stilla veckan. — Kristi lidande vörda vi genom det heliga Mässoffret och det heliga korstecknet.

Femte trosartikeln.

»Nedsteg till dödsriket, uppstod på tredje dagen igen ifrån de döda.»

När Kristus dog, skilde sig hans själ från kroppen, men gudomen fortfor att vara förenad såväl med kroppen som med själen.

51. Vart kom Kristi själ efter döden?

Kristi själ nedsteg efter döden till dödsriket, till de avlidna rättfärdigas själar.

Genom synden hade himmelen blivit tillsluten. Därför kunde de avlidna rättfärdigas själar icke inkomma i himmelen. Först genom Frälsaren skulle den åter öppnas.

52. Vilket underverk har Kristus gjort på tredje dagen efter sin död?

På tredje dagen efter sin död återförenade Kristus sin själ med kroppen och uppstod segerrik ifrån de döda.

Att Jesus Kristus sannerligen uppstått, ha både hans vänner och hans fiender bestyrkt.

Apostlarna och de andra vännerna ha flera gånger sett Kristus efter hans uppståndelse, vidrört honom, talat med honom och ätit tillsammans med honom. De predikade hans uppståndelse överallt, vart de kommo. Gud har bekräftat deras förkunnelse genom underverk, och själva ha de gått i döden för dess sanning. Kristi fiender kunde icke förneka hans uppståndelse. Men för att vilseleda folket, gåvo de soldaterna pengar med orden: »*Så skolen I säga: Hans lärjungar kommo om natten och stulo honom, medan vi sovo. Och om detta skulle komma för landshövdingens öron, skola vi ställa honom tillfreds och sörja för, att I kunnen vara utan bekymmer.*» (Matt. 28:13, 14.) »Sovande vittnen!» (Den helige Augustinus.)

Jesu Kristi uppståndelse fira vi under påskhögtiden. Denna är hela kyrkoårets förnämsta fest. Påskljuset är en sinnebild av den uppståndne Frälsaren.

53. Vad lär oss Frälsarens uppståndelse?

Frälsarens uppståndelse lär oss,

1. att Jesus Kristus är sann Gud,
2. att även vi skola uppstå från de döda.

Sjätte trosartikeln.

»Uppfor till himmelen, sitter på Guds, den allsmäktige Faderns, högra hand.»

Efter sin uppståndelse stannade Kristus ännu fyrtio dagar på jorden. Under denna tid undervisade han sina apostlar om Guds rike.

54. På vad sätt har Kristus lämnat jorden?

Kristus har av egen kraft uppfarit till himmelen.
Kristi himmelsfärds fest fira vi på fyrtionde dagen efter påsk. (Släckande av påskljuset.)

55. Vad bekänna vi med orden: »sitter på Guds, den allsmäktige Faderns, högra hand»?

Vi bekänna, att Jesus Kristus även såsom människa deltager i den himmelske Faderns makt och härlighet.

Därför avslutar Kyrkan vanligen sina böner till den himmelske Fadern med orden: »Genom vår Herre Jesus Kristus, din Son, vilken med dig lever och regerar i den Helige Andes enhet, Gud från evighet till evighet. Amen.»

56. Vad gör Kristus för oss i himmelen?

Kristus manar gott för oss hos sin Fader i himmelen.

Evangelisten Johannes säger: *»Vi hava en förespråkare hos Fadern, Jesus Kristus»*. (1 Joh. 2:1.)

»Söken det, som är där ovan, där varest Kristus är och sitter på Guds högra sida.» (Kol. 3:1, 2.)

Sjunde trosartikeln.

**›Därifrån han skall igenkomma till att döma
de levande och de döda.›**

57. Vad bekänna vi i sjunde trosartikeln?

Vi bekänna i sjunde trosartikeln, att Jesus
Kristus vid världens slut skall återkomma med
stor makt och härlighet för att döma alla människor.

Åttonde trosartikeln.

›Jag tror på den Helige Ande.›

58. Vem är den Helige Ande?

Den Helige Ande är den tredje personen i gudomen, sann Gud liksom Fadern och Sonen.

»Jag tror på den Helige Ande, Herren och Livgivaren, som utgår av Fadern och Sonen, som tillika med
Fadern och Sonen tillbedes och förhärligas, som har
talat genom profeterna.» (Den heliga mässans Credo.)

Den Helige Ande utdelar de nådegåvor, som
Kristus förvärvat. Med hela fullheten av sina gåvor kom den Helige Ande vid pingsthögtiden över
a p o s t l a r n a. Han förbliver alltid hos K y rk a n och bor i de rättfärdigas s j ä l a r.

59. Vad har den Helige Ande verkat hos apostlarna?

Den Helige Ande har upplyst, styrkt och helgat apostlarna.

60. Vad verkar den Helige Ande i Kyrkan?

**Den Helige Ande undervisar, helgar och leder
Kyrkan på osynligt sätt intill världens ände.**

61. Vad verkar den Helige Ande i själen?

1. Den Helige Ande giver åt själen det övernaturliga livet,

2. han upplyser, styrker och tröstar den genom många andra nådegåvor.

Även åt syndarnas och hedningarnas själar skänker den Helige Ande ljus och kraft, så att de kunna urskilja, vilja och göra det goda.

Sju särskilda nådegåvor av den Helige Ande uppräknas av profeten Jesaja: vishetens och förståndets gåva, rådets och starkhetens gåva, kunskapens och fromhetens gåva, samt gudsfruktans gåva. (Jes. 11:2.) De kallas den Helige Andes sju gåvor.

Den, som motsätter sig den Helige Andes nåd, begår synd mot den Helige Ande.

Mot den Helige Ande syndar t. ex. den, som förnekar den erkända kristna sanningen, den som förtvivlar om Guds nåd, den som uppsåtligt framhärdar i obotfärdighet.

I alla viktiga angelägenheter, i synnerhet vid mottagandet av de heliga sakramenten, borde vi anropa den Helige Andes bistånd.

> »Kom, Helge Ande, med din tröst,
> din boning tag uti vårt bröst;
> sänd riklig nåd från höjden ned
> och oss för himmelen bered!»

Nionde trosartikeln.

»Den heliga katolska Kyrkan, de heligas samfund.»

1. Kyrkans instiftelse.

Ordet »kyrka» kan beteckna: 1) ett Guds hus eller tempel, 2) Guds synliga rike bland människorna. Här kommer ordet alltid att beteckna Guds rike.

62. Vem har stiftat Kyrkan?

Jesus Kristus har stiftat Kyrkan.

Kristus kallar Kyrkan sitt rike. Hon utgör ett andligt rike; hon är till för att sörja för vårt andliga väl. Hon är i denna värld, men icke a v denna värld. Frälsaren säger: »*Mitt rike är icke av denna värld.*» (Joh. 18:36.)

63. På vad sätt har Kristus stiftat Kyrkan?

Kristus har

1. givit sina apostlar fullmakt att lära, att utdela sakramenten och att leda de troende,

2. förordnat den helige Petrus till Kyrkans överhuvud,

3. sänt den Helige Ande vid pingsthögtiden.

Kristus samlade l ä r j u n g a r omkring sig och utvalde bland dem tolv till sina a p o s t l a r. Till dessa sade han kort före sin himmelsfärd: »*Mig är given all makt i himmelen och på jorden. Gån därför, lären alla folk och döpen dem i Faderns, Sonens och den Helige Andes namn och lären dem att hålla allt, vad jag har befallt eder!*» (Matt. 28:18—20.)

64. Med vilka ord har Kristus förordnat den helige Petrus till Kyrkans överhuvud?

Kristus har förordnat den helige Petrus till Kyrkans överhuvud med orden:

1. »Du är Petrus (klippan), och på denna klippa skall jag bygga min Kyrka, och helvetets portar skola icke överväldiga henne.» (Matt. 16: 18.)

2. »Åt dig skall jag giva himmelrikets nycklar. Allt, vad du binder på jorden, det skall ock vara bundet i himmelen; och allt, vad du löser på jorden, det skall ock vara löst i himmelen.» (Matt. 16: 19.)

3. »Vakta mina lamm!... Vakta mina får!» (Joh. 21: 15—17.)

Efter Kristi himmelsfärd framträdde också den helige Petrus såsom apostlarnas överhuvud, t. ex. vid Mattias' val, vid pingstfesten och vid apostlamötet i Jerusalem. — Sedan dess har han alltjämt blivit erkänd såsom Kyrkans överhuvud.

2. Kyrkans författning.

65. Varigenom blir man upptagen i Kristi Kyrka?
Genom dopet blir man upptagen i Kristi Kyrka.

Den, som genom otro, vantro eller utträde ur Kyrkan skiljer sig från henne, tillhör icke längre hennes gemenskap.

Inom Kristi Kyrka urskiljer man föreståndare och menighet.

Kristus liknar ofta Kyrkan vid en hjord. De t r o e n d e äro fåren, a p o s t l a r n a äro herdarna.

66. Vilka äro Kyrkans föreståndare?
Påven och de honom underordnade biskoparna äro Kyrkans föreståndare.

67. Vilken värdighet innehar påven?
Påven är Kyrkans synliga överhuvud; han är den helige Petri efterträdare och Kristi ställföreträdare.

Jesus Kristus är Kyrkans o s y n l i g a överhuvud.
Den helige Petrus dog omkring år 67 e. Kr. såsom biskop i Rom. Därför är biskopen i Rom, påven, hans rättmätige efterträdare. Från Rom styr han hela Kyrkan. Denna kallas därför den »romersk-katolska Kyrkan». — Påven kallas även den »H e l i g e F a d e r n». K a r d i n a l e r n a äro påvens rådgivare; dem tillkommer att välja ny påve.

68. Vilka äro apostlarnas efterträdare?
Den katolska Kyrkans biskopar äro apostlarnas efterträdare.

Ex. Timoteus blev av aposteln Paulus insatt till biskop i Efesus, Titus till biskop på Kreta. (1 Tim. 1:3; Tit. 1:5.)

Liksom apostlarna stodo under den helige Petrus, så stå biskoparna under påven. Varje biskop är styresman för en mindre del av Kyrkan, kallad b i s k o p s d ö m e eller s t i f t.

Vid vissa tillfällen sammankallar påven alla biskoparna för att tillsammans med dem överlägga och fatta beslut om kyrkliga angelägenheter.

Stiften indelas i **församlingar**. I spetsen för varje församling står en kyrkoherde; denne är sina församlingsbors andlige fader.

> »Fast stånda skall mitt dopförbund,
> ty jag är redobogen
> och lovar utav hjärtats grund
> att vara Kyrkan trogen.»

3. Kyrkans bestämmelse.

69. I vilket syfte har Jesus Kristus stiftat sin Kyrka?

Jesus Kristus har stiftat sin Kyrka, för att den skall leda alla människor till den eviga saligheten.

Kyrkan skall fortsätta Frälsarens verk, vilken har kommit *»för att uppsöka och saliggöra det, som var förtappat»*. (Luk. 19:10.) Därför vill Frälsaren också, att alla människor skola inträda i hans Kyrka.

70. Vad skall Kyrkan göra för människorna?

Kyrkan skall lära, helga och leda människorna.

Därför har Kristus överlämnat åt henne ett trefaldigt ämbete: 1. läroämbetet, 2. prästämbetet och 3. herdeämbetet.

1. *»Gån ut och lären alla folk!»* (Matt. 28:19.)

2. *»Döpen dem i Faderns, Sonens och den Helige Andes namn!»* (Matt. 28:19.) — *»Gören detta till min åminnelse!»* (Luk. 22:19.) (Det heliga Mässoffret.) — *»Vilka I förlåten·synderna, dem äro de förlåtna; och vilka I behållen dem, dem äro de behållna.»* (Joh. 20:22, 23.)

3. *»Lären dem att hålla allt vad jag har befallt eder!»* (Matt. 28:20.) — *»Allt vad I binden på jorden,*

*det skall vara bundet i himmelen, och allt vad I
lösen på jorden, det skall vara löst i himmelen.*»
(Matt. 18:18.)

Detta trefaldiga ämbete utövas av Kyrkans
f ö r e s t å n d a r e.

71. Vilken uppgift har Kyrkans läroämbete?

**Kyrkans läroämbete skall bevara och ofelbart
förkunna Kristi tros- och sedelära.**

Kyrkans läroämbete är genom Kristi och den
Helige Andes bistånd o f e l b a r t.

Jesus Kristus har sagt: »*Se, jag är med eder alla
dagar intill världens ände.*» (Matt. 28:20.) »*Jag
skall bedja Fadern, och han skall giva eder en annan
Hugsvalare, som skall förbliva hos eder för alltid:
sanningens Ande.*» (Joh. 14:17.) »*Helvetets por-
tar skola icke överväldiga henne.*» (Matt. 16:18.)

Tros- och sedeläran blir på ett ofelbart sätt
förkunnad antingen genom påven eller genom ett
av påven stadfäst allmänt kyrkomöte (konsilium).

72. När är påven ofelbar?

**Påven är ofelbar, när han träffar ett avgöran-
de om tros- eller sedeläror samt befaller hela Kyr-
kan att antaga det.**

Kristus sade till Petrus: »*Jag har bett för dig, att
din tro icke skall varda om intet; och du, styrk dina
bröder!*» (Luk. 22:32.)

73. Vilken uppgift har Kyrkans prästämbete?

**Kyrkans prästämbete skall medla mellan Gud
och människorna: det skall**

**1. frambära åt Herren Gud i människornas namn
det Nya förbundets offer och**

2. utdela åt människorna Guds nådegåvor.

74. Vilken uppgift har Kyrkans herdeämbete?

Kyrkans herdeämbete skall leda de troende på frälsningens väg och tillhålla dem att föra en kristlig vandel.

Kyrkan älskar oss som en moder sina barn och sörjer för våra själars väl.

»Den som icke har Kyrkan till moder, kan icke ha Gud till fader.» (Den helige Cyprianus, biskop och martyr, † 258.)

4. Kyrkans egenskaper.

75. Varför finns det blott en enda sann Kyrka?

Det finns blott en enda sann Kyrka, emedan Jesus Kristus blott har stiftat en enda: »på denna klippa skall jag bygga min Kyrka». (Matt. 16: 18.)

Det finns nu för tiden många kyrkosamfund, som kalla sig kristna; blott ett enda av dessa kan vara Kristi sanna Kyrka.

76. Vilka egenskaper måste Kristi sanna Kyrka hava?

Kristi sanna Kyrka måste vara

> **1. enig,**
> **2. helig,**
> **3. katolsk,**
> **4. apostolisk.**

Enligt Kristi vilja måste hans Kyrka vara

1. e n i g, emedan intet rike kan bestå, som är söndrat emot sig självt (Luk. 11: 17) ;

2. h e l i g, emedan hon skall leda människorna till helighet;

3. k a t o l s k eller allmännelig, emedan Kristus stiftat sin Kyrka för a l l a folk och för a l l a tider;

4. a p o s t o l i s k, d. v. s. hon måste till föreståndare ha apostlarnas rättmätiga efterträdare, emedan Kristus förordnade sina apostlar till Kyrkans första föreståndare. Därför heter det redan i det

andra allmänna kyrkomötets (381 e. Kr.) trosbekännelse: »Jag tror på en, helig, katolsk och apostolisk Kyrka».

På dessa egenskaper kan man igenkänna, vilken kyrka som är den sanna. Därför kallas de också den sanna Kyrkans **kännetecken**.

77. Vilken Kyrka har dessa fyra kännetecken?

Endast den katolska Kyrkan har dessa fyra kännetecken.

A. Den katolska Kyrkan har de fyra kännetecknen.

Hon är:

1. enig, emedan hon överallt har samma tro, samma offer, samma sakrament och samma överhuvud;
2. helig, emedan hon genom sin heliga lära och de heliga sakramenten för människorna till helighet, och emedan det inom henne alltid har funnits helgon, d. v. s. heliga män och kvinnor, som av Gud förhärligats genom under;
3. katolsk eller allmännelig, emedan hon vill göra alla människor saliga, emedan hon är utbredd över alla länder och alltjämt utbreder sig;
4. apostolisk, emedan hennes bestånd går tillbaka till apostlarnas dagar, och emedan hennes föreståndare, påven och biskoparna, äro apostlarnas rättmätiga efterträdare.

B. De andra kristna samfunden sakna dessa kännetecken.

De äro icke eniga i fråga om lära och sakrament och äga intet gemensamt överhuvud.

De ha uppstått genom avfall från den sanna Kyrkan och besitta icke alla de helgelsemedel, som Kristus anförtrott sin Kyrka — de äro icke heliga.

De flesta äro statskyrkor, icke världskyrka — de äro icke katolska.

De ha uppstått först långt efter apostlarnas tid, och deras föreståndare äro icke apostlarnas efterträdare — de äro icke apostoliska.

4.

78. Varför kallas den katolska Kyrkan den allena saliggörande?

Den katolska Kyrkan kallas den allena saliggörande, emedan hon allena av Kristus har mottagit uppdraget och medlen att föra människorna till den eviga saligheten.

Med beteckningen »allena saliggörande» menas icke: alla gå förlorade, som stå utom Kyrkan. Den som utan egen förskyllan icke tillhör henne, kan bliva salig, om han efter bästa förstånd uppfyller Guds vilja.

>»Med tack till Gud jag städse vill
>den sanna Kyrkan höra till,
>från henne aldrig vika!»

5. Kyrkans utbredning.

79. Varför utsänder Kyrkan missionärer?

Kyrkan utsänder missionärer, emedan många folk ännu icke tillhöra Kyrkan, Guds synliga rike på jorden.

Kristus har befallt: »*Gån ut i hela världen och prediken Evangelium!*» (Mark. 16:15.)

Endast de böra gå ut till hednafolken såsom missionärer, vilka därtill äro kallade av Gud och sändas av Kyrkan.

Men alla kristna kunna och böra bidraga till Guds rikes utbredande.

80. Varigenom kunna alla kristna hjälpa missionärerna i arbetet för Guds rikes utbredande?

Alla kristna kunna hjälpa missionärerna genom bön och kärleksgåvor.

Om vi verksamt bistå missionärerna, befordra vi Guds ära, vi hjälpa till att rädda själar, som kanske eljes skulle gå förlorade, samt förvärva åt oss själva stora förtjänster.

För trons utbredande verka flera olika föreningar i Sverige, t. ex. Birgittaföreningen, Jesu Barndoms Förening.

»Vad I haven gjort en av dessa mina minsta brö-
der, det haven I gjort mig.» (Matt. 25:40.)

6. De heligas samfund.

81. Vilka tillhöra de heligas samfund?

Till de heligas samfund höra

1. **de kristtrogna på jorden,**
2. **de heliga i himmelen,**
3. **de arma själarna i skärselden.**

Detta samfund kallas de h e l i g a s s a m-
f u n d, emedan alla, som tillhöra det, äro kallade
till helighet och helgade genom dopet; många ha
också redan nått den fullkomliga heligheten i
himmelen.

De kristtrogna på jorden kallas den s t r i d a n d e
Kyrkan; — de heliga i himmelen kallas den t r i u m-
f e r a n d e Kyrkan; — de arma själarna i skärsel-
den kallas den l i d a n d e Kyrkan.

82. Vari visar sig gemenskapen i den stridande Kyr-
kan?

De kristtrogna på jorden ha andel

1. i alla Kyrkans heliga Mässoffer och böner,
2. i de böner och goda gärningar, som de förrätta
för varandra.

83. Vari visar sig vår gemenskap med de heliga i
himmelen?

Vi vörda de heliga i himmelen och åkalla dem,.
och de komma oss till hjälp med sina mäktiga för-
böner inför Gud.

Dagligen firar Kyrkan minnet av ett eller flera
helgon; den 1 november firar hon a l l a de heligas
fest (Allhelgonadagen).

84. Vari visar sig vår gemenskap med de arma sjä-
larna i skärselden?

Vi kunna hjälpa de arma själarna genom böner och andra goda gärningar, genom avlat och i synnerhet genom det heliga Mässoffret; och de skola visa sin tacksamhet genom att bedja för oss.

»Det är en helig och nyttig tanke att bedja för de avlidna, på det att de må frälsas från sina synder.» (2 Mack. 12:46.)

85. Vilka själar äro i skärselden?

I skärselden äro de avlidna rättfärdigas själar, som ännu ha att göra bot för sina synder.

Dagen efter Allhelgonadagen är särskilt helgad åt alla arma själars åminnelse.

»I ären de heligas medborgare och Guds husfolk.» (Ef. 2:19.)

Tionde trosartikeln.

»Syndernas förlåtelse.»

86. Vad bekänna vi med orden »syndernas förlåtelse»?

Med orden »syndernas förlåtelse» bekänna vi, att i den katolska Kyrkan alla synder kunna förlåtas och alla syndastraff efterskänkas.

Synder nas förlåtelse meddelas huvudsakligen genom dopets och botens heliga sakrament, de timliga syndastraffen efterskänkas även genom avlat; det viktigaste därvid är en god ånger.

Huru trösterika äro icke Jesu ord: *»Allt vad I lösen på jorden, det skall vara löst i himmelen.»* (Matt. 18:18.)

Elvte trosartikeln.

»Köttets uppståndelse.»

1. Döden och den enskilda domen.

Alla människor måste dö, emedan Adam, den första människan, syndat. *»Genom synden har döden kommit i världen.»* (Rom. 5:12.)

87. Vad säger Kristus om dödsstunden?

Kristus säger: »Varen redo!» »I veten varken dagen eller stunden.» (Luk. 12:40 o. Matt. 25:13.)

Vi hålla oss beredda för döden, om vi bevara den heliggörande nåden och ivrigt tjäna Gud.

Jag måste dö, och vet icke n ä r, vet icke v a r, vet icke h u r. Men det vet jag: om jag dör i en dödssynd, är jag förlorad för evigt — men om jag dör i den heliggörande nåden, så är jag räddad för evigt.

88. Vart kommer människans själ genast efter döden?

Genast efter döden kommer själen inför Guds domstol; där måste den avlägga räkenskap över alla tankar, ord och gärningar samt varje underlåtenhet i det goda.

Denna dom är den e n s k i l d a domen. Efter den enskilda domen kommer själen antingen till himmelen, till skärselden eller till helvetet.

»Det är bestämt för människorna att en gång dö, och sedan följer domen.» (Hebr. 9:27.)

2. Köttets uppståndelse och den allmänna domen.

89. Vad säger Frälsaren om köttets uppståndelse?

Frälsaren säger: »Den stund kommer, då alla, som äro i gravarna, skola höra Guds Sons röst; och de skola gå därutur: de, som hava gjort det goda, till livets uppståndelse, och de, som hava gjort det onda, till domens uppståndelse.» (Joh. 5:28, 29.)

90. När skola de avlidnas kroppar uppstå?

De avlidnas kroppar skola uppstå på den yttersta dagen.

Den yttersta dagen är världens sista dag.

Gud uppväcker de avlidnas k r o p p a r till nytt liv, i det han för alltid förenar dem med deras själar.

I det andra livet skall kroppen ha del i lönen och i straffet, liksom den i detta liv hade del i de goda eller de onda gärningarna.

91. Hur skola de uppståndnas kroppar vara beskaffade?

De ondas kroppar skola vara vederstyggliga, men de godas kroppar skola vara härliga och lika Kristi förklarade lekamen.

Därför ärar Kyrkan kroppen genom h ö g t i d l i g b e g r a v n i n g och jordfäster den på en v i g d kyrkogård.

Somliga tro icke på uppståndelsen och vilja visa sin otro därigenom, att de f ö r b r ä n n a liken. Huvudsakligen därför har Kyrkan förbjudit likbränning.

92. Vad följer efter de dödas uppståndelse?

Efter de dödas uppståndelse följer den allmänna domen.

I sjunde trosartikeln läsa vi: »därifrån han skall igenkomma till att döma levande och döda». Denna dom kallas också den y t t e r s t a d o m e n eller v ä r l d s d o m e n.

Därvid skola de goda skiljas från de onda. De goda ställas till höger och de onda till vänster om den gudomlige domaren; allt, som var och en har gjort, blottas, t. o. m. de hemligaste tankar skola uppenbaras. Slutligen uttalar Kristus domen.

93. Hur skall Kristi dom lyda?

Till de goda skall Kristus säga: »Kommen, I min Faders välsignade, och tagen i besittning det rike, som är eder tillrett ifrån världens grund-

läggning!» Men till de onda: »Gån bort ifrån mig, I förbannade, till den eviga elden, som är tillredd åt djävulen och hans änglar!» (Matt. 25: 34, 41.)

»Då skola de gudlösa sucka av själsångest: Dessa äro de, som vi fordom utskrattade och förhånade med skymfligt tal. Vi dårar höllo deras liv för vanvett och deras slut för ärelöst. Sen, huru de nu räknas bland Guds barn och hava sin lott bland de heliga.» (Vish. 5: 3—5.)

94. Varför skall världsdomen hållas?

Världsdomen skall hållas,

1. på det att Guds vishet och rättfärdighet må erkännas av alla människor;

2. på det att Jesus må bliva förhärligad inför all världen;

3. på det att de goda må få den ära och de onda den skam, de förtjänat.

1. Nu häda många människor Gud, sägande, att han icke är rättvis och icke bekymrar sig om eländet i världen.

2. Nu smädas Kristus av många, som förneka hans gudom.

3. Nu hållas ofta de onda i ära, medan de goda hånas och förföljas. Då skall fullkomlig rättvisa bli rådande till Guds förhärligande.

> »Låt på domens dag mig vara,
> Herre, ibland fårens skara!»
>
> (Begravningsmässan.)

Tolvte trosartikeln.

»Och ett evigt liv. Amen.»

Med det eviga livet förstår Kyrkan den eviga lycksaligheten i himmelen. Men även de fördömdas liv i helvetet skall vara evigt.

1. Himmelen.

95. Vem kommer till himmelen?

Till himmelen kommer var och en, som dött i Guds nåd och blivit fri från alla syndastraff.

96. Vad är de saligas lycka i himmelen?

De saliga i himmelen

1. **skåda Gud ansikte mot ansikte och äro förenade med honom i evig kärlek;**

2. **de äro fria från allt ont och äro liksom änglarna fullkomligt lyckliga.**

1. *»Nu se vi (Gud) såsom i en spegel, gåtlikt, men då ansikte mot ansikte.»* (1 Kor. 13:12.) *»Vad intet öga sett och intet öra hört och ingen människas hjärta kunnat tänka, det har Gud berett åt dem, som älska honom.»* (1 Kor. 2:9.)

2. *»Gud skall avtorka alla tårar från deras ögon; döden skall icke vara mer, ej heller sorg, ej heller klagan, ej heller smärta.»* (Upp. 21:4.)

Icke alla saliga skola njuta lika stor fröjd; de, som ha gjort mera gott på jorden, skola få mera fröjd. *»Var och en skall få sin särskilda lön efter sitt särskilda arbete.»* (1 Kor. 3:8.)

»Den som sår rikligt, han skall ock skörda riklig välsignelse.» (2 Kor. 9:6.)

2. Helvetet.

97. Vem kommer till helvetet?

Till helvetet komma alla, som dö i dödssyndens tillstånd.

98. Vilka kval lida de fördömda i helvetet?

De fördömda i helvetet lida outsägliga kval:

1. **de kunna aldrig skåda Gud och äro för evigt förskjutna av honom;**

2. **de lida eldens kval, plågas alltjämt av sitt onda samvete och vistas i djävlarnas sällskap.**

1. *»De skola utkastas i mörkret utanför; där skall vara gråt och tandagnisslan.»* (Matt. 8:12.)

2. *»Det är bättre att ingå i det eviga livet halt, än att ha två fötter och kastas i helvetets outsläckliga eld, där deras mask icke dör och elden icke utsläckes.»* (Mark. 9:44, 45.) — *»Det är förskräckligt att falla i den levande Gudens händer.»* (Hebr. 10:31.)

Att de fördömdas straff äro eviga, säga oss även Jesu klara ord: *»Gån bort ifrån mig, I förbannade, till den eviga elden!»* (Matt. 25:41.)

Icke alla fördömda skola lida lika mycket; de skola lida mera, som ha syndat mera eller mera missbrukat nåden.

Död, dom, himmel och helvete kallas »de fyra yttersta tingen».

»Vid alla dina gärningar tänk på de yttersta tingen, och du skall i evighet icke synda!» (Syr. 7:40.)

Amen.

Med detta »Amen» vilja vi säga: Allt det, som de tolv trosartiklarna innehålla, är sant; jag tror det av hela mitt hjärta.

»Säll är den man, som du, Herre, undervisar!» (Ps. 93:12.)

Andra huvudstycket.

Budorden.

»Vill du ingå i livet, så håll budorden!» (Matt. 19:17.)

Tio Guds bud.

»Jag är Herren din Gud.»

1. Du skall inga andra gudar hava jämte mig!
2. Du skall icke missbruka Herrens, din Guds, namn!
3. Tänk på att du helgar vilodagen!
4. Du skall hedra din fader och din moder, på det att dig må väl gå och du må länge leva på jorden!
5. Du skall icke dräpa!
6. Du skall icke bedriva okyskhet!
7. Du skall icke stjäla!
8. Du skall icke bära falskt vittnesbörd emot din nästa!
9. Du skall icke begära din nästas hustru!
10. Du skall icke begära din nästas ägodelar!

Gud har s k a p a t oss. Därför har han r ä t t att giva oss bud. Denna rätt åberopar Gud, då han säger: *»Jag är Herren, din Gud»*. (2 Mos. 20: 2.) Gud ä l s k a r oss; vad han befaller, är till vårt bästa.

Gud har givit de tio buden åt israeliterna på berget Sinai; Jesus Kristus har stadfäst dem och gjort dem gällande för alla människor med orden: *»Vill du ingå i livet, så håll budorden!»* (Matt. 19:17.)

Första Guds bud.

»Du skall inga andra gudar hava jämte mig.»

99. Vad befaller Gud i första budet?

Gud befaller i första budet, att vi skola ära honom allena som Gud och Herre.

100. Varigenom skola vi ära Gud?

Vi skola ära Gud

1. genom tro, hopp och kärlek,
2. genom tillbedjan och undergivenhet under hans
 heliga vilja.

1. Tro.

Vi t r o, när vi h å l l a f ö r v i s s t o c h
s a n t allt, vad Gud har uppenbarat. Gud har
givit oss förmåga härtill i dopet genom en sär-
skild nåd.

101. Huru kunna vi med ett kort böneord uttrycka
vår tro på Gud?

Vi kunna det genom att bedja: »Min Herre och
Gud, jag tror allt, vad du har uppenbarat och
genom din heliga Kyrka lär oss att tro, ty du
är den eviga sanningen».

Obs.! En utförligare form av bönen, se sid. VIII.

102. Varigenom kunna vi själva styrka vår tro?

Vi kunna själva styrka vår tro genom att
1. gärna övervara predikan,
2. ur goda böcker inhämta allt större kunskap om
 den katolska läran,
3. i ord och handling bekänna vår tro.

Vi bekänna vår tro i handling, så ofta vi visa, att
vi äro katoliker, t. ex. när vi andäktigt göra korsteck-
net eller deltaga i den katolska gudstjänsten. De he-
liga martyrerna hava t. o. m. g i v i t s i t t l i v för
att bekänna sin tro (blodsvittnen).

103. Varför måste vi bekänna vår tro inför männi-
skorna?

Vi måste bekänna vår tro inför människorna,
emedan Kristus har sagt: »Var och en, som be-
känner mig inför människorna, honom skall ock
jag kännas vid inför min Fader, som är i himme-
len. Men den, som förnekar mig inför människor-
na, honom skall ock jag förneka inför min Fader,
som är i himmelen.» (Matt. 10: 32, 33.)

104. Varigenom skola vi skydda vår tro?

Vi skola skydda vår tro genom att föra ett kristligt liv och undvika allt, som bringar vår tro i fara.

Ett okyskt liv, stolthet och orättfärdighet föra ofta till otro. — Tron bringas i fara genom trosfientliga skrifter, genom förtroligt umgänge med icke-troende kamrater, religionsbespottare och vantroende.

Barn fela mot tron, om de av egen vilja försumma religionsundervisningen, om de icke lära sig sin katekes, om de blygas för sin tro.

Svårare äro de **synder** mot tron, vilka vanligen begås endast av **vuxna.** Mot tron syndar

1. den, som icke mera tror på Gud (otro);
2. den, som genom egen förskyllan omfattar en villolära (vantro);
3. den, som frivilligt betvivlar trosläran;
4. den, som förnekar sin tro (t. ex. utträder ur den katolska Kyrkan);
5. den, som utan tvingande skäl umgås med gudlösa människor, läser trosfientliga böcker eller ingår i en trosfientlig förening.

»Den rättfärdige lever av tron.» (Rom. 1:17.)

2. Hopp.

Vi hysa **kristligt hopp,** när vi **förtröstansfullt förvänta,** att Gud skall hjälpa oss att ernå allt det goda, som han utlovat.

105. Vad skola vi framför allt hoppas av Gud?

Vi skola framför allt av Gud hoppas att få våra synders förlåtelse, hans nåd och den eviga saligheten.

Av egen kraft kunna vi aldrig ernå de himmelska tingen.

Även **jordiska** ting få vi hoppas, att Gud vill giva oss, för så vitt de lända oss till vårt eviga väl.

106. Varför skola vi förtröstansfullt förvänta det himmelska goda från Gud?

Vi skola förtröstansfullt förvänta det himmelska goda från Gud, emedan den gode och trofaste Guden har lovat oss det.

107. Huru kunna vi med ett kort böneord uttrycka vårt hopp på Gud?

Vi kunna det genom att bedja: »Min Herre och Gud, jag hoppas att för Jesu Kristi skull få mina synders förlåtelse, din nåd och den eviga saligheten, ty du har lovat oss detta».

Obs.! En utförligare form av bönen, se sid. VIII.

108. Vad fordrar det kristliga hoppet av oss?

Det kristliga hoppet fordrar, att vi själva allvarligt bemöda oss att uppnå himmelen och ståndaktigt bedja om Guds hjälp.

Synder mot hoppet äro:

1. att hoppas f ö r m y c k e t — t. ex. att utan tvekan begå en synd, emedan man åter kan bikta,
2. att hoppas f ö r l i t e t — t. ex. att misströsta om Guds försyn,
3. att i c k e a l l s hoppas — t. ex. att förtvivla, såsom Judas.

P å d i g, H e r r e, h a r j a g h o p p a t s, i e v i g h e t s k a l l j a g i c k e k o m m a p å s k a m !

3. Kärlek.

109. Hur lyder budet om kärleken till Gud?

»Du skall älska Herren, din Gud, av hela ditt hjärta, av hela din själ, av hela din håg och av alla dina krafter!» (Mark. 12: 30.)

Vi skola ä l s k a G u d ö v e r a l l t i n g, d. v. s. vi skola älska honom mera än allt annat i världen och vara beredda att hellre förlora allt annat än att förolämpa Gud genom en dödssynd.

Ex. Abrahams offer.

110. Varför skola vi älska Gud över allting?

Vi skola älska Gud över allting,

1. emedan han har skapat oss, återlöst och helgat oss;

2. emedan den oändlige Guden är värd all kärlek.

111. Huru kunna vi med ett kort böneord uttrycka vår kärlek till Gud?

Vi kunna det genom att bedja: »Min Herre och Gud, jag älskar dig av hela mitt hjärta och över allting, ty du är oändligt god och värd all vår kärlek. För din skull vill jag även älska min nästa såsom mig själv.»

Obs.! En utförligare form av bönen, se sid. VIII.

Den, som ofta tänker på Guds välgärningar, måste älska honom tillbaka.

Synder mot kärleken till Gud äro särskilt: likgiltighet, motvilja eller t. o. m. hat mot Gud.

»Huru skall jag vedergälla Herren alla hans välgärningar mot mig?» (Ps. 115:12.)

»Mitt barn, giv mig ditt hjärta, och låt mina vägar behaga dina ögon!» (Ords. 23:26.)

4. Tillbedjan.

Att **tillbedja** Gud, det är att erkänna och ära honom såsom den högste Herren.

112. Varför få vi tillbedja endast Gud?

Vi få tillbedja endast Gud, emedan han allena är Skaparen och Herre över himmel och jord.

Den, som tillbeder något **skapat**, gör sig skyldig till avguderi.

Vi tillbedja Gud i **det inre**, när vi t. ex. bedja i vårt hjärta: »Min Herre och min Gud!» eller »Helig, helig, helig är Herren, härskarornas Gud». Vi tillbedja Gud även i **det yttre**, när vi muntligen uttala sådana böner, sjunga lovsånger till Guds ära, deltaga i den offentliga gudstjänsten eller böja knä inför det allraheligaste Sakramentet.

113. Varför skola vi tillbedja Gud även i det yttre?

Vi skola tillbedja Gud även i det yttre, emedan också vår kropp är skapad till Guds tjänst.

Mot plikten att tillbedja syndar:
1. den, som beder illa eller icke beder alls,
2. den, som är vidskeplig,
3. den, som begår helgerån.

2. V i d s k e p l i g är den, som tillskriver vissa ting en hemlig kraft, som Gud icke har förlänat dem (t. ex. att bota sjukdomar eller utforska förborgade ting). Vidskepelse är också den s. k. s p i r i t i s m e n med dess föregivna andeuppenbarelser.

Genom t r o l l e r i syndar den, som med de onda andarnas hjälp vill åstadkomma underliknande ting.

3. H e l g e r å n begår den, som vanärar åt Gud invigda personer, platser eller föremål, i synnerhet den, som ovärdigt mottager ett heligt sakrament. Ex. Hur strängt Gud bestraffar helgerån se vi på konung Baltasar i Babylon.

»Kommen, låtom oss tillbedja och nedfalla, låtom oss knäböja för Herren, vår Skapare! Ty han är vår Gud.» (Ps. 94: 6, 7.)

Helgonens vördande.

114. Varför vörda vi helgonen?

Vi vörda helgonen, emedan de äro Guds vänner, och emedan Gud själv har förhärligat dem.

Om vi i sanning älska och ära Gud, då skola vi även älska och vörda hans vänner. — Därmed synda vi icke mot första budet, emedan vi i c k e t i l l b e d j a dem.

Kyrkan lär oss genom sitt ord och sitt exempel att vörda helgonen. Varje dag firar hon minnet av flera helgon. Vi skola särskilt vörda det helgon, vars namn vi bära.

115. På vad sätt vörda vi helgonen?

Vi vörda helgonen genom att
1. **fira deras minne och anropa dem om deras förbön,**

48

2. hålla deras reliker och bilder i ära,
3. efterfölja deras föredöme.

Reliker äro kvarlevor av helgon eller ock föremål, som av dem använts.

116. Varför vörda vi helgonens reliker?
Vi vörda helgonens reliker,

1. emedan de äro dyrbara minnen av helgonen,
2. emedan Gud ofta har förhärligat relikerna genom underverk.

Ex. *»Så hände sig, att just när några höllo på att begrava en man, fingo de se en rövareskara komma; då kastade de liket ned i Eliseus' grav. När då mannen kom i beröring med Eliseus' ben, fick han liv igen och reste sig upp på sina fötter.»* (4 Kon. 13:21.) — Kläder, tillhörande aposteln Paulus, lades på sjuka, och deras sjukdomar veko ifrån dem. (Jfr Apg. 19:12.)

117. Varför hålla vi helgonens bilder i ära?
Vi hålla helgonens bilder i ära,

1. emedan därigenom helgonen själva äras,
2. emedan bilderna väcka vår kärlek till helgonen och vår lust att efterlikna dem.

Gud har genom under förhärligat många bilder av helgon och bevisar stundom dem, som vörda dessa, synnerlig nåd. Sådana bilder kallas därför n å d e-b i l d e r.

Den största glädje bereda vi helgonen, om vi ivrigt följa deras exempel.

»Varen mina efterföljare, såsom jag är Kristi!» (1 Kor. 11:1.)

5. Undergivenhet under Guds vilja.

Gud undergiven är den, som i allt underkastar sig Guds vilja och med Kristus säger: *»Fader, ske icke min vilja utan din!»* (Luk. 22:42.)

118. När böra vi framför allt underkasta oss Guds heliga vilja?

Vi böra framför allt underkasta oss Guds heliga vilja i sjukdom och olycka, i fattigdom och nöd.

»Ske din vilja såsom i himmelen så ock på jorden!»

Mot undergivenheten under Guds vilja syndar den, som knotar emot Gud, t. ex. vid sjukdom, fattigdom, dålig väderlek. — Ex. israeliterna i öknen.

»Vi veta, att för dem, som älska Gud, samverkar allt till det bästa.» (Rom. 8:28.)

Andra Guds bud.

»Du skall icke missbruka Herrens, din Guds, namn!»

1. Guds heliga namn.

Guds namn är heligt. Vi måste därför hålla det heligt. »Helgat varde ditt namn!» Den, som vanärar Guds namn, vanärar Gud själv.

119. På vad sätt ära vi Guds namn?

Vi ära Guds namn, då vi

1. **andäktigt uttala det, i synnerhet i bönen,**
2. **högtidligt uttala det vid edgång och vid löftens avläggande.**

Guds namn vanärar den,
1. som lättsinnigt eller t. o. m. i vrede uttalar det, särskilt vid förbannelser,
2. som talar eller frivilligt tänker illa om Gud (hädar Gud).

Att i vredesmod nämna andra heliga namn eller ting kallas även att svärja.

5.

2. Edgång.

Att svärja eller gå ed är att kalla Gud, den allvetande, till vittne på att man talar sanning eller att man vill hålla sitt löfte.

Man skiljer sålunda mellan vittnesed och löftesed. Ämbetsmans ed är en löftesed.

120. Vad fordrar Gud av den, som skall svärja?

»Du skall svärja i sanning, rätt och rättfärdighet!» (Jer. 4: 2.)

1. Mot sanningen syndar den, som svär i tvivel eller medvetet falskt;

2. mot rätta sättet syndar den, som svär i onödan (lättsinnigt);

3. mot rättfärdigheten syndar den, som svär att göra något ont eller att underlåta något gott. (Men har han svurit att göra något ont, så får han icke hålla sin ed. Ex. Herodes.)

Den, som icke håller en löftesed (till något gott), syndar genom edsbrott. — Den, som medvetet svär falskt, begår mened.

121. Varför är mened en av de största förbrytelser?

Mened är en av de största förbrytelser,

1. därför att menedaren kallar Gud till vittne på en lögn och därigenom hädar Gud;

2. därför att menedaren svårt rubbar människornas ömsesidiga tillit.

Gud låter förbannelsen komma in i dens hus, som svär falskt vid hans namn, *»och den skall stanna där i huset och fräta upp det med både trävirke och stenar».* (Sak. 5: 4.)

»Välsignat vare Herrens namn från nu och till evig tid!» (Ps. 112: 2.)

3. Heligt löfte.

Att göra ett heligt löfte i religiös mening, är att lova Gud en god gärning och att förplikta sig därtill under ansvar av synd.

Icke varje god föresats eller utfästelse är ett löfte i religiös mening. Ex.: Ett heligt löfte gjorde Jakob på sin resa till Mesopotamien samt Anna, Samuels moder.

122. Vad fordrar Gud av. den, som gjort ett heligt löfte?

»När du har gjort ett löfte åt Gud, så dröj icke att infria det! — Det är bättre, att du inte lovar, än att du gör ett löfte och icke infriar det.» (Pred. 5: 3, 4.)

Man bör icke göra något heligt löfte utan att inhämta sin biktfaders råd.

Den, som utan tvingande skäl bryter ett heligt löfte i en viktig sak, begår en svår synd.

Tredje Guds bud.

»Tänk på att du helgar vilodagen!»

I Gamla förbundet var den s j u n d e dagen i veckan vilodag. Den kallas även s a b b a t.

Vi kristna fira vår vilodag på f ö r s t a dagen i veckan, söndagen, emedan Kristus på en söndag uppstod från de döda, och emedan den Helige Ande utgöts över apostlarna på en söndag. Redan de f ö r s t a k r i s t n a hava på s ö n d a g e n firat Herrens dag och samlats till den heliga mässan.

123. Varför har Gud anordnat Herrens dag?

Gud har anordnat Herrens dag,

1. **på det att f ö r s a m l i n g e n den dagen må framträda inför Gud och ära honom såsom sin Herre,**
2. **på det att d e n e n s k i l d e må använda denna dag till sin själs välfärd och sin kropps vederkvickelse.**

En dubbel plikt hava vi att fylla på söndagen: söndagsvila och söndagshelgd.

52

1. Söndagsvila.

124. Med vilka ord har Gud befallt söndagsvilan?

»Sex dagar skall du arbeta och förrätta alla dina sysslor, men den sjunde är Herrens, din Guds sabbat, vilodag. Då skall du ingen syssla förrätta, ej heller din tjänare eller din tjänarinna!» (5 Mos. 5: 13, 14.)

125. Vilka arbeten äro förbjudna på söndagen?

Grövre arbeten äro på söndagen förbjudna.

Med grövre arbeten menas sådana kroppsarbeten, som vanligen förrättas av tjänare, tjänarinnor, arbetare och hantverkare.

Grövre arbeten äro tillåtna på söndagen, endast när de äro oundgängligen nödvändiga, eller när den andliga överheten av särskilda skäl tillstädjer dem.

Mot söndagsvilan syndar den, som på söndagen förrättar eller låter förrätta onödiga grövre arbeten.

2. Söndagshelgd.

126. Vilken from gärning äro vi förpliktade att utöva på söndagen?

Vi äro förpliktade att på söndagen med andakt bevista den heliga mässan. (Kyrkans andra bud.)

Vi böra även åhöra predikan, ty annars lära vi icke tillräckligt känna vår religion eller bliva försumliga i dess utövning. Jesus säger: *»Den, som är av Gud, han lyssnar till Guds ord».* (Joh. 8: 47.)

Dessutom böra vi helga söndagen genom andra fromma gärningar. Detta sker, om vi besöka religionsundervisning och andakter, mottaga den heliga kommunionen, läsa goda skrifter och böcker samt utöva kristliga kärleksverk.

127. Vem är förpliktad att på söndagen med andakt bevista den heliga mässan?

Varje katolsk kristen, som fyllt s j u år, är förpliktad att på söndagen med andakt bevista den heliga mässan; blott viktiga skäl fritaga därifrån.

Viktiga skäl äro: sjukdom, sjukvård, alltför stort avstånd från kyrkan (särskilt vid dåligt väder).

Mot söndagshelgden syndar

1. den, som av egen skuld, helt eller delvis, försummar den heliga mässan,
2. den, som pratar eller frivilligt brister i andakt under den heliga mässan.

Söndagen v a n h e l g a s även genom omåttligt drickande, överdriven sport, lättfärdiga nöjen och tygellösa förlustelser. Sena timmar på lördagen medföra lätt försummande av söndagsplikten.

Vid val av anställning välj helst en sådan, som lämnar dig frihet att värdigt fira söndagen.

Fjärde Guds bud.

»Du skall hedra din fader och din moder, på det att dig må väl gå och du må länge leva på jorden!»

1. Vördnad mot föräldrar.

128. Vad befaller Gud i fjärde budet?

I fjärde budet befaller Gud, att barnen skola visa sina föräldrar vördnad, kärlek och lydnad.

Det vackraste föredömet har Jesusbarnet givit i hemmet i Nasaret.

129. Varför äro barnen förpliktade att visa sina föräldrar vördnad, kärlek och lydnad?

Barnen äro förpliktade att visa sina föräldrar vördnad, kärlek och lydnad, emedan föräldrarna

1. äro för dem i Guds ställe,

2. äro näst Gud deras största välgörare,
3. skola leda barnen till himmelen.

130. Hur skola vi visa våra föräldrar vördnad?

Vi skola

1. av hjärtat högakta våra föräldrar,
2. aktningsfullt tala om dem och till dem,
3. uppföra oss hövligt och hovsamt emot dem.

Ex. Josef hedrade sin fader Jakob.

Mot vördnaden syndar

1. den, som i hjärtat föraktar sina föräldrar,
2. den, som talar ringaktande om dem,
3. den, som uppträder fräckt emot dem,
4. den, som skäms för dem.

»Den, som slår sin fader eller sin moder, skall straffas med döden. — Den, som uttalar förbannelser över sin fader eller sin moder, han skall straffas med döden.» (2 Mos. 21:15, 17.)

131. Varigenom visa vi våra föräldrar kärlek?

Vi visa våra föräldrar kärlek därigenom, att vi flitigt bedja för dem, göra dem glädje och efter förmåga hjälpa dem.

»Mitt barn, tag dig an din fader på hans ålderdom, och bedröva honom icke så länge han lever!» (Syr. 3:14.)

Ex. Jesus har ännu i dödsstunden sörjt för sin moder.

Mot kärleken syndar
1. den, som alls icke beder för sina föräldrar,
2. den, som önskar dem ont,
3. den, som vållar dem bekymmer,
4. den, som icke hjälper dem i sjukdom och nöd.

132. Hur skola vi lyda våra föräldrar?

Vi skola lyda våra föräldrar villigt, raskt och noggrant.

»I barn, varen edra föräldrar lydiga i allt, ty detta är välbehagligt inför Herren.» (Kol. 3:20.)

Mot l y d n a d e n syndar
1. den, som är egensinnig och trotsig,
2. den, som lyder motvilligt eller ofullständigt.

133. Vilken belöning lovar Gud åt de goda barnen?

Gud lovar de goda barnen sitt beskydd och sin välsignelse för detta liv och den eviga saligheten för det kommande livet.

»Hedra din fader och din moder! Detta är det första bud, som är förbundet med ett löfte: på det att dig må väl gå och du må länge leva på jorden.» (Ef. 6:2, 3.)

Ex.: Sem, Jafet och den unge Tobias välsignades av Gud, emedan de hedrade sina fäder.

134. Varmed har Gud hotat de vanartiga barnen?

Gud har hotat de vanartiga barnen med sin förbannelse för detta liv och den eviga fördömelsen för det kommande livet.

»Förbannad vare den, som visar förakt för sin fader eller moder!» (5 Mos. 27:16.)

Ex. Över Kam, Elis söner och Absalon kom Guds förbannelse, emedan de icke hedrade sina fäder.

2. Aktning för överordnade.

Utom våra föräldrar skola vi också hedra våra ö v e r o r d n a d e och vara dem hörsamma.

Sådana överordnade äro lärare och lärarinnor, husbönder och arbetsgivare samt andlig och världslig överhet. — De, som äro anställda i andras tjänst, äro även skyldiga att visa flit och trohet mot sina husbönder, likaså arbetare mot sina arbetsgivare.

Underordnade synda, när de äro fräcka och motsträviga gentemot sina överordnade.

135. Varför äro vi skyldiga att visa den andliga och den världsliga överheten aktning och hörsamhet?

Vi äro skyldiga att visa den andliga och den världsliga överheten aktning och hörsamhet, emedan deras myndighet kommer från Gud.

Aposteln Paulus säger: *»Var och en vare underdånig den överhet, som han har över sig. Ty ingen överhet finnes, som icke är av Gud; all överhet, som finnes, är förordnad av Gud.»* (Rom. 13:1.)

Den **andliga** överheten är oss överordnad i religiösa ting, den **världsliga** överheten i världsliga ting.

»Frukta Herren av hela din själ och håll hans präster i ära!» (Syr. 7:31.)

Ex. Kora, Datan och Abirom blevo levande uppslukade av jorden, emedan de uppreste sig mot Moses och Aron. (4 Mos. 16.)

136. När får man icke lyda människor?

Man får icke lyda människor, när de befalla något, som är emot Guds bud.

»Man måste lyda Gud mer än människor.» (Apg. 5:29.)

Ex. De tre ynglingarna i Babylon, de sju mackabeiska bröderna, apostlarna inför Stora rådet.

3. Vördnad för ålderdomen.

137. Vad befaller Gud angående vårt uppförande mot de gamla?

»För ett grått huvud skall du stå upp, och den gamle skall du ära.» (3 Mos. 19:32.)

Ex. De fyrtiotvå gossarna, som hånade profeten Eliseus, blevo till straff sönderslitna av två björnar.

4. Föräldrars och överordnades plikter.

Även föräldrarna och de överordnade har Gud i fjärde budet ålagt p l i k t e r. Han har givit dem myndighet och fordrar, att de använda denna myndighet endast efter hans heliga vilja.

F ö r ä l d r a r n a äro förpliktade att sörja för sina barns timliga och eviga väl, uppfostra dem genom ord och föredöme i helig gudsfruktan. Föräldrar få icke skämma bort och förvekliga sina barn, utan skola med kärlek och fasthet förbereda dem för det kommande livet. Katolska föräldrar böra skicka sina barn till en skola, där de bliva uppfostrade i enlighet med katolsk tro. De få icke sätta sina barn i trosfientliga skolor eller uppfostra dem i vantro.

Också de ö v e r o r d n a d e hava den heliga plikten att efter bästa förmåga sörja för sina underordnades sanna väl. De böra lämna dem tid att uppfylla sina religiösa plikter. De måste uppträda mot det onda och avvärja faror, som kunna leda till synd.

Gör det icke svårt för dina föräldrar och överordnade att avlägga räkenskap över dig!

Femte Guds bud,

»Du skall icke dräpa!»

Genom det femte budet skyddar Gud k r o p- p e n s o c h s j ä l e n s l i v. Vi skola akta vårt eget och andras liv. *»Du skall älska din nästa såsom dig själv!»* (Mark. 12: 31.) Femte budet gör det till en plikt att ä l s k a både o s s s j ä l v a och v å r n ä s t a.

1. Kristlig självkärlek.

138. När älska vi oss själva på ett Gud behagligt sätt?

Vi älska oss själva på ett Gud behagligt sätt, när v å r s j ä l s v ä l f ä r d är oss mera värd än förgänglig lycka på jorden.

58

Frälsaren säger: *»Söken först efter Guds rike!»*
(Matt. 6:33.)

Vi få och böra sörja även för kroppen och det timliga goda, för hälsa, välstånd och gott rykte. Men vi få därvid icke glömma Frälsarens ord: *»Vad gagnar det människan, om hon vinner hela världen, men tager skada till sin själ?»* (Matt. 16:26.)

139. När sörja vi för vår själs välfärd?

Vi sörja för vår själs välfärd, när vi bemöda oss om att alltid vara Guds barn, undvika synden och ivrigt göra det goda.

Mot den kristliga självkärleken syndar den, som är så upptagen av omsorg för den förgängliga, jordiska lyckan, att själens välfärd åsidosättes.

Det lekamliga livet.

Det kroppsliga livet och hälsan äro stora jordiska skatter.

140. Varför skola vi sörja för vårt liv och vår hälsa?

Vi skola sörja för vårt liv och vår hälsa, därför att Gud har givit oss dem och fordrar räkenskap av oss.

Gud kallas »Herre över liv och död», i hans rättigheter få vi ej ingripa.

Mot sitt liv syndar

1. den, som tager sitt eget liv (självmord),
2. den, som onödigtvis utsätter sitt liv för fara,
3. den, som lättsinnigt utsätter sin hälsa för fara eller försvagar den genom skadliga vanor.

Särskilt i unga år innebär t. ex. bruk av alkohol och tobak samt överdriven sport svåra faror för hälsan. Omåttlighet, häftig vrede och andra laster äro mycket skadliga för hälsan.

»För omåttlighets skull hava många mist livet, men den, som tager sig i akt, han förlänger sitt liv.» (Syr. 37:34.)

2. Kärleken till nästan.

Jesus har sagt: *»Du skall älska din nästa såsom dig själv»*. (Mark. 12:31.) Vår nästa är varje människa, vän eller ovän. (Liknelsen om den barmhärtige samariten.) — Vi skola älska alla människor.

141. När älska vi vår nästa såsom oss själva?

Vi älska vår nästa såsom oss själva, när vi uppfylla Frälsarens ord: »Allt vad I viljen, att människorna skola göra eder, det gören I ock dem». (Matt. 7:12.)

»Vad du själv icke vill, att man skall göra dig, det skall du ej heller göra någon annan.» (Tob. 4:16.)

Den, som äl s k a r sin nästa, unnar honom allt gott, är fördragsam emot honom, bistår honom efter förmåga till kropp och själ, i synnerhet i nöd. *»Låtom oss älska icke med ord eller med tungan, utan i gärning och i sanning!»* (1 Joh. 3:18.)

Även b a r n kunna göra andra gott, särskilt till själen, genom ord, föredöme och framför allt genom bön.

142. Varför skola vi älska alla människor?

Vi skola älska alla människor, emedan varje människa är skapad till Guds avbild, återlöst genom Kristi blod och kallad till den eviga saligheten.

Vi måste visserligen älska a l l a människor, dock e j a l l a i l i k a h ö g g r a d. Vi få och böra hava större kärlek till dem, som stå oss närmare eller mera förtjäna det.

Ett särskilt anspråk på vår kärlek hava de n ö d l i d a n d e. Vi böra komma dem till hjälp genom l e k a m l i g a och a n d l i g a b a r m-h ä r t i g h e t s v e r k.

L e k a m l i g a barmhärtighetsverk äro följande: att mätta de hungrande, giva de törstande att dricka, bekläda de frysande, härbärgera de husvilla, stödja de orättvist förföljda, besöka de sjuka, giva de döda en kristlig begravning.

60

Andliga barmhärtighetsverk äro följande: att tillrättavisa dem, som fela, undervisa de okunniga, rätt råda de tvekande, trösta de bedrövade, tåligt lida oförrätt, gärna förlåta dem, som förolämpat oss, bedja för de levande och de döda.

Fromma föreningar och stiftelser hava bildats överallt inom Kyrkan för att hjälpa nödlidande medmänniskor (Vincents- och Elisabetföreningar).

Oss alla gäller Frälsarens löfte: *»Saliga äro de barmhärtiga, ty dem skall vederfaras barmhärtighet!»* (Matt. 5:7.)

Vi måste älska t. o. m. dem, som h a t a och f ö r f ö l j a oss.

143. Med vilka ord befaller Kristus, att vi skola älska våra ovänner?

Kristus säger: »Älsken edra ovänner och bedjen för dem, som förfölja eder; och varen så eder himmelske Faders barn. Han låter ju sin sol gå upp över både onda och goda och låter det regna över både rättfärdiga och orättfärdiga.» (Matt. 5:44, 45.)

Jesus har även givit oss det skönaste föredöme i kärleken till fienderna. Döende bad han för sina fiender: *»Fader, förlåt dem, ty de veta icke vad de göra».* (Luk. 23:34.)

Den helige Stefanus och många andra hava följt detta föredöme.

Om vi själva hava förolämpat någon, skola vi icke tveka att försona oss med honom; har någon förolämpat oss, så skola vi gärna räcka handen till försoning och av hjärtat förlåta.

Jesus har hotat de oförsonliga: *»Om I icke förlåten, så skall icke heller eder Fader, som är i himmelen, förlåta eder edra synder.»* (Mark. 11:26.) Ex. Den cbarmhärtige tjänaren.

Synder mot vår nästas liv.

144. Vem syndar mot sin nästas lekamliga liv?

Mot sin nästas lekamliga liv syndar

1. den, som utan rätt dödar, sårar eller slår honom,

2. den, som genom kränkande eller hård behandling förbittrar eller förkortar hans liv.

(Att döda en människa är tillåtet: 1. för överheten vid bestraffandet av en svår förbrytelse, 2. för envar i rättmätigt nödvärn, 3. för soldater vid försvarandet av fäderneslandet.)

Till g ä r n i n g e n s synder mot vår nästas liv ledas vi av h j ä r t a t s synder, (såsom vrede, hat, avund, fiendskap) och t u n g a n s (såsom gräl, skymford, förbannelse).

I c k e e n s e t t d j u r skola vi onödigtvis tillfoga smärta. Den, som i övermod plågar ett djur, gör något, som misshagar Gud, och visar, att han är rå och grym. *»Den rättfärdige vet, huru hans boskap känner det, men de ogudaktigas hjärtelag är grymt.»* (Ords. 12: 10.)

Synder mot vår nästas själ.

Det värdefullaste vår nästa äger är s j ä l e n s l i v.

145. Vem skadar sin nästa till själens liv?

Den skadar sin nästa till själens liv, som är s k u l d till hans synd eller till och med avsiktligt f ö r l e d e r honom till synd.

Sådan synd kallas i Bibeln »förargelse». Den leder nämligen till, att andra bliva benägna för det onda, vilket med ett gammalt ord kallas »arghet». (Jfr »argan list», »i argt uppsåt», »den arge fienden».) Man kan lätt bliva skuld till en annans synd, om man för oanständigt tal, ger dåligt exempel, lånar ut dåliga böcker, visar oanständiga bilder, icke iakttager ärbarhet i klädsel och uppträdande, eller om man för andra med sig till ställen, där ont förehaves. — Man kan också göra sig m e d s k y l d i g i andras synder, när man berömmer deras synder, uppmuntrar dem att synda eller hjälper dem därvid. (D e l a k t i g h e t s- s y n d e r.) Föräldrar och överordnade göra sig skyldiga till delaktighetssynd, när de icke beivra och bestraffa barnens och de underordnades fel.

Ex.: Herodias var s k u l d till den helige Johannes Döparens mord; Saulus var m e d s k y l d i g till den helige Stefanus' stenande; Eli till sina söners synder.

Den, som förleder sin nästa till en dödssynd, är en själamördare.

146. Med vilka fruktansvärda ord varnar Jesus för förargelse?

Jesus säger: »Ve den människa, genom vilken förargelsen kommer!» (Matt. 18: 7.) »Den som förargar en av dessa små, som tro på mig, för honom vore det bättre, att en kvarnsten hängdes om hans hals och han sänktes ned i havets djup.» (Matt. 18: 6.)

Ex. Den gamle Eleasar ville hellre dö, än giva ungdomen dåligt exempel.

147. Vad skall den göra, som har skadat sin nästa till kropp och själ?

Den, som har skadat sin nästa till kropp eller själ, måste såvitt möjligt åter gottgöra skadan.

Den, som förlett någon till synd, skall åtminstone bedja för honom. Ofta kan förledaren även genom råd, förmaning och i synnerhet genom gott föredöme åter hjälpa den andre på rätta vägen.

»Därav skola alla förstå, att I ären mina lärjungar, om I haven kärlek inbördes.» (Joh. 13: 35.)

Sjätte och nionde Guds bud.

»Du skall icke bedriva okyskhet!» »Du skall icke begära din nästas hustru!»

Genom det sjätte och nionde budet skyddar Gud kyskhetens ovärderliga goda.

Blygsamhet och kyskhet.

148. Vad befaller oss Gud i sjätte och nionde buden?

Gud befaller oss i sjätte och nionde buden att i tankar, blickar, ord och handlingar alltid vara kyska och blygsamma.

Den, som vill förbliva kysk, måste framför allt vara blygsam.

Blygsam är den, som icke onödigtvis blottar, beskådar eller berör kroppsdelar, som skola vara betäckta. Den, som utan förnuftigt skäl gör sådant, är oblyg. — Allt, som är nödvändigt för att hålla kroppen ren och sund, är icke synd. Den, som tillfälligtvis råkar se något oblygt, men genast bortvänder sin blick, syndar icke.

Så länge någon gör sig möda att förjaga okyska tankar och önskningar ur sinnet, äro de inga synder. — Tvivlar du, om något är okyskt, så fråga dina föräldrar eller din biktfader.

149. Varför skola vi med all iver bevara vår kyskhet?

Vi skola med all iver bevara vår kyskhet, emedan Gud alldeles särskilt älskar och belönar de kyska.

»Saliga äro de renhjärtade, ty de skola se Gud!» (Matt. 5: 8.) *»O, hur skönt är icke ett kyskt släkte, ... hos Gud och människor hålles det i ära!»* (Vish. 4: 1.)

150. Vad skola vi göra för att förbliva kyska?

För att förbliva kyska, skola vi

1. **följa Kristi maning: »Vaken och bedjen!»** (Mark. 14: 38.)
2. **arbeta och vara stränga mot oss själva.**

64

1. Framför allt skola vi vakta våra ögon. Till v a-
k a n d e t hör också, att vi genast från början mot-
stå frestelserna. — Till b e d j a n d e t hör att
ofta mottaga den heliga kommunionen och att vörda
den renaste jungfrun Maria. Kyskhetens skydds-
helgon äro även den helige Josef, den helige Aloi-
sius och den heliga Agnes.
2. »L ä t t j a n är alla lasters moder.» — S t r ä n g
m o t s i g s j ä l v är t. ex. den, som efter upp-
vaknandet alltid genast stiger upp, den, som kuvar
sitt begär efter läckerheter, den, som motstår ögo-
nens och öronens nyfikenhet.

151. Vad måste vi u n d v i k a för att förbliva kyska?

**För att förbliva kyska måste vi såvitt möjligt
undvika allt, som kan uppväcka okyska önskning-
ar eller okysk lust.**

Vi skola icke o n ö d i g t v i s åse, tänka på,
åhöra, begära eller göra något, som är farligt för
kyskheten.

Farliga för kyskheten äro: dåliga skrifter, tidning-
ar och bilder; dåliga filmer, skådespel och danser;
dåliga kamrater och vänner; oblyg klädsel och oan-
ständig lek; sysslolöshet och förvekligande.

152. Varför skola vi alldeles särskilt fly okyskheten?

Vi skola alldeles särskilt fly okyskheten,

1. emedan den vanhelgar den Helige Andes tempel,
**2. emedan den ofta slutar med sjukdom, elände,
vanära och en obotfärdig död.**

*»Tag dig till vara, min son, för allt slags okysk-
het!»* (Tob. 4:13.) *»De otuktiga skola få sin del i
den sjö, som brinner med eld och svavel.»* (Upp. 21:8.)

Ex. Sodom och Gomorra blevo av Gud för okysk-
hets skull ödelagda av eld; David förleddes genom
okyskhet till stora brott.

Mot k y s k h e t e n syndar:
1. den, som gör något okyskt (ensam eller med andra),
2. den, som frivilligt låter något okyskt ske med **sig**,

3. den, som frivilligt önskar att göra något okyskt eller vill förleda andra till okyskhet,

4. den, som utan tvingande skäl utsätter sig för stor fara att begå okyska synder.

Det är särskilt illa att förleda andra till den första synden emot kyskheten och att l ä r a dem det onda; på den första synden följa vanligen flera.

»O Maria, min drottning, ja min moder! Jag överlämnar mig helt och hållet åt dig, och till bevis på min hängivenhet ägnar jag åt dig i dag mina ögon, mina öron, min mun, mitt hjärta, helt och hållet mig själv. Då jag nu tillhör dig, o goda moder, så bevara och försvara mig som ditt barn och din egendom! Amen.»

Sjunde och tionde Guds bud.

›Du skall icke stjäla!» »Du skall icke begära din nästas egendom!»

Genom sjunde och tionde buden s k y d d a r G u d e g e n d o m e n. Allt jordiskt gott tillhör närmast G u d, emedan han har skapat allt. Enligt Guds vilja kunna också m ä n n i s k o r besitta detta goda. Det är oriktigt att säga: »egendom är stöld». Vad någon rättmätigt förvärvat, det får han kalla sin egendom. Men vi måste göra räkenskap inför Gud över användningen av vår egendom.

Jesus har sagt: »*Samlen eder skatter i himmelen, där varken rost eller mal förstöra och där inga tjuvar bryta sig in och stjäla.*» (Matt. 6:20.) De himmelska skatterna äro viktigare än de jordiska. Frälsaren själv var här på jorden fattig.

Vi kunna hava omsorg om penningar och egendom på ett Gud behagligt sätt.

6.

1. Omsorg om jordiska ägodelar.

153. När är vår omsorg om penningar och egendom
Gud välbehaglig?

**Vår omsorg om penningar och egendom är Gud
välbehaglig, när vi**
1. **redligt förvärva dem,**
2. **samvetsgrant handhava dem,**
3. **använda dem till goda gärningar.**

1. Ex.: Tobias och killingen.
2. Sparsamhet är en kristlig dygd. — Vi skola
icke vara slösaktiga men icke heller giri-
ga. Genom omåttlighet i mat och dryck, i spel om
penningar och vadhållning, genom överdriven
klädlyx och annat slöseri hava många råkat i
skuld, elände och vanära, ja, kommit till helvetet.
Girighet gör hjärtat hårt mot de nödlidande,
t. o. m. mot anhöriga.
3. *»Giv allmosor! Äger du mycket, så giv rikligt; om
du äger litet, så dela gärna med dig av det lilla, du
har!»* (Tob. 4:7, 9.)

2. Främmande egendom.

Främmande egendom skall vara oss helig.
154. När är främmande egendom oss helig?

**Främmande egendom är oss helig, när vi låta
vår nästa behålla sitt och giva honom, vad honom
tillhör.**

Vi få icke hysa begär att på orättfärdigt sätt
komma i besittning av vår nästas egendom (tionde
budet). Ännu mycket mindre få vi på orättfärdigt
sätt tillägna oss den eller självrådigt skada den.

Lånade och anförtrodda saker måste vi om-
sorgsfullt akta och i rätt tid återlämna. Vad någon
är skyldig en annan, måste han punktligt fullgöra.

155. Vem försyndar sig mot sin nästas egendom?

Mot sin nästas egendom försyndar sig
1. **den, som snattar, stjäl eller rånar,**
2. **den, som bedrager, förskingrar eller ockrar,**

3. **den, som av egen skuld skadar andras tillhörigheter,**
4. **den, som medverkar till dessa synder.**

S t j ä l a = hemligen taga något; r å n a = med våld borttaga; b e d r a g a = lura i handel och vandel, t. ex. genom falskt mått, falsk vikt eller falska penningar, genom dåligt arbete eller dålig vara, genom att sätta upp mera arbeta på räkningen än som verkligen utförts eller flera varor än som lämnats; o c k r a = missbruka sin nästas nödläge till egen vinning.

Den, som behåller h i t t e g o d s, och vet (eller lätt kunde få veta), vem det tillhör, är icke mycket bättre än en tjuv; likaså den, som icke återlämnar l å n e g o d s, och den, som icke betalar sina s k u l d e r, fast han med god vilja kunde göra det. — Även tjuvgodsgömmaren är lika dålig som tjuven. T j u v g o d s g ö m m a r e = den, som gömmer, mottager, köper eller säljer saker, som han vet vara stulna.

156. Vad har den att göra, som innehar främmande egendom eller som genom egen skuld skadat sådan?

1. **Den, som innehar främmande egendom, måste å t e r l ä m n a den;**
2. **den, som genom egen skuld skadat sin nästas egendom, måste så gott han kan e r s ä t t a skadan.**

Den, som d e l t a g i t i synd mot sjunde budet, kan också hava skyldighet att återlämna eller ersätta något. I tvivelsmål fråga din biktfader!

»Man börjar med en knappnål och slutar med en silverskål.»

»Vad orätt fås, med sorg förgås.»

Åttonde Guds bud.

»Du skall icke bära falskt vittnesbörd emot din nästa!»

Den, som avgiver falskt vittnesbörd, syndar mot sanningen och mot sin nästas heder. Genom åttonde budet förpliktar Gud oss till **sannfärdighet** samt skyddas nästans **heder.**

1. Sannfärdighet.

Gud är sanningen och älskar sannfärdighet.
Den, som vill behaga Gud, måste vara sann i ord
och **gärningar.**

Sannfärdig är den, som älskar sanningen, d
v. s. talar och handlar så, som han tänker i sitt hjärta.

Synder mot sannfärdigheten äro: att ljuga och
att hyckla. Att **ljuga** är att med vett och vilja
säga en osanning. Olika slag av lögn äro: skämtlögn,
nödlögn, tjänstelögn (för att göra andra en tjänst),
skadelögn.

Att **hyckla** är att förställa sig, t. ex. göra sig
bättre, frommare, vänligare än man är. Hycklare voro
de skenheliga fariseerna.

Den sannfärdige är icke **bakslug** eller **falsk,**
och han flyr **smicker.**

157. Vad säger den Helige Ande om lögnen?

»Lögnaktiga läppar äro en styggelse för Herren.» (Ords. 12: 22.)

»Sannfärdiga läppar bestå evinnerligen.»
(Ords. 12: 19.)

2. Vår nästas heder.

»Ett gott namn är mer värt än stor rikedom.»
(Ords. 22: 1.) Vi böra därför hålla vår nästas
goda namn lika heligt som hans egendom.

158. Varigenom skola vi helighålla vår nästas heder?

**Vi skola helighålla vår nästas heder därigenom,
att vi**
1. gärna tänka och tala väl om honom,
2. endast av viktiga orsaker tala om hans fel.

> 1. *»Kärleken hyser icke agg.»* (1 Kor. 13: 5.)
> 2. *»Den, som bevakar sin mun, han bevarar sitt
> liv.»* (Ords. 13: 3.)

Synder emot nästans h e d e r begår

1. (i tanke) den, som utan tillräckligt skäl tänker illa om sin nästa;
2. (i ord) den, som onödigtvis blottar andras dolda fel (ärekränkning), den, som förstorar andras fel eller beskyller dem för obefintliga fel (förtal);
3. (i gärning) den, som offentligt skymfar andra.

Den, som m e d v ä l b e h a g å h ö r tal emot sin nästas heder, gör sig skyldig till delaktighetssynd.

159. Vad måste den göra, som har skadat sin nästa till heder och ära?

Den, som har skadat sin nästa till heder och ära, måste gottgöra all tillfogad skada.

»Avhåll din tunga från det som är ont och dina läppar från att tala svek.» (Ps. 33:14.)

Det förnämsta budet: Om kärleken.

Allt det, som hittills i tio Guds bud blivit utförligt behandlat, sammanfattas i budet om kärleken.

160. Hur lyder budet om kärleken?

Budet om kärleken lyder: »Du skall älska Herren, din Gud, av allt ditt hjärta, av all din själ, av allt ditt förstånd och av alla dina krafter! Detta är det yppersta och främsta budet. Därnäst kommer ett, som är detta likt: Du skall älska din nästa såsom dig själv!» (Mark. 12:30, 31; Matt. 22:37—39.)

»Gud är kärleken.» (1 Joh. 4:16.) Av kärlek har han givit oss sina bud. De äro givna till vårt bästa. Därför måste vi älska Gud tillbaka. — Den, som älskar Gud, gläder sig åt att tjäna honom och håller samvetsgrant hans bud. *»Den, som har mina bud och håller dem, han är den, som älskar mig.»* (Joh. 14:21.) — Den, som älskar Gud, ak-

tar och älskar även medmänniskorna. *»Vad helst
I haven gjort en av dessa mina minsta bröder, det
haven I ock gjort mig.»* (Matt. 25: 40.)

Kyrkans bud.

1. Du skall hålla de påbjudna helgdagarna!
2. Du skall alla sön- och helgdagar med andakt
   bevista den heliga mässan!
3. Du skall hålla de påbjudna fastedagarna och
   icke äta kött på abstinensdagarna!
4. Du skall åtminstone en gång om året bikta dina
   synder!
5. Du skall åtminstone en gång om året, vid påsk-
   tiden, mottaga den heliga kommunionen!

Kristus har sagt till apostlarna: *»Allt vad I
binden på jorden, det skall ock vara bundet i him-
melen»*. (Matt. 18: 18.) Därmed har han förlä-
nat Kyrkans föreståndare rättighet att giva bud
och straffa överträdelser. Han vill, att Kyrkans
bud skola samvetsgrant hållas.

Kyrkans första bud.

»Du skall hålla de påbjudna helgdagarna!»

Även Kyrkan har fastställt dagar, på vilka
arbetet skall vila. Det är de till Guds eller helgo-
nens ära stiftade h e l g d a g a r n a. Dessa mås-
te helighållas på samma sätt som söndagarna.

De påbjudna helgdagarna kunna bliva oss till stör-
re nytta, om vi på dessa Herrens festdagar överväga
de hemligheter, till vilkas åminnelse festerna äro in-
stiftade. — På helgonens fester prisa vi Gud i hans
trogna tjänare, vi åkalla dem och lägga deras dygder
på hjärtat.

Åminnelsen av de stora händelserna i fräls-
ningshistorien återkommer årligen i k y r k o-
å r e t.

Kyrkoåret börjar med första adventssöndagen.

Kyrkoårets tre huvudfester äro: jul, påsk och pingst.

Jul infaller alltid den 25 december; den är en orörlig fest. Påsk och pingst infalla icke alltid på samma månadsdagar; de äro rörliga fester. — Jul och påsk hava en förberedelsetid och en efterföljande festtid.

Julens förberedelsetid är advent (ankomst). Under dessa fyra veckor firas åminnelsen av den tid, under vilken Frälsaren längtansfullt väntades. (Violett färg i de kyrkliga dräkterna.) Vid jul fira vi, fulla av glädje, Frälsarens födelses fest. Juldagen kan varje präst tre gånger läsa den heliga mässan. Till julens efterföljande festtid höra också omskärelsefesten och Herrens uppenbarelses fest (nyårsdagen och trettondagen). Vid omskärelsen erhöll det gudomliga Barnet namnet Jesus.

Påskfesten har en avlägsnare, en närmare och en omedelbar förberedelsetid. Den avlägsnare förberedelsetiden är nionde, åttonde och sjunde söndagarna före påsk (septuagesima, sexagesima, quinquagesima). Den närmare förberedelsetiden börjar med askonsdagen. Den omedelbara förberedelsen omfattar de sista fjorton dagarna före påsk, den s. k. passionstiden (lidandestiden). Med palmsöndagen börjar den stilla veckan (dymmelveckan). (På passionssöndagen äro krucifix och altartavlor övertäckta — »han dolde sig» —; på skärtorsdagen förstummas orgel och klockor efter Gloria, det allraheligaste Sakramentet borttages ur tabernaklet, på långfredagen frambäres icke det heliga Mässoffret; på påskaftonen viges elden, påskljuset och dopvattnet.) Den heliga påskhögtiden är kyrkoårets största fest, Kristi uppståndelses triumfdag. Till påskens efterföljande festtid höra vita söndagen och Kristi himmelsfärdsdag.

Femtio dagar efter påsk kommer pingsthögtiden.

På första söndagen efter pingst firas den allraheligaste Trefaldighetens fest, torsdagen därefter Kristi Lekamens fest, och fredagen efter Kristi Lekamens fests oktav firas Jesu Hjärtas fest.

Kyrkans andra bud.

*»Da skall alla sön- och heldagar med andakt
bevista den heliga mässan!»*

Genom detta bud har Kyrkan fastställt, på vad
sätt sön- och helgdagar skola helighållas.

Det måste vara en hjärtesak för oss att med all an-
dakt bevista det heliga och nåderika Mässoffret.

Kyrkans tredje bud.

*»Du skall hålla de påbjudna fastedagarna och
icke äta kött på abstinensdagarna!»*

Med fasta menas att neka sig en avsevärd del
av den dagliga födan. Det finnes påbjuden och
frivillig fasta. Om den påbjudna fastan medde-
las närmare i biskopens fastemandat.

161. Vari består den påbjudna fastan?

**Den påbjudna fastan består däri, att man blott
en gång om dagen intager en fullständig måltid
och för övrigt nöjer sig med högst hälften av den
vanliga portionen.**

162. Vilka dagar äro påbjudna fastedagar?

**Påbjudna fastedagar äro vardagarna under
fastetiden, kvatemberdagarna och fyra vigilie-
dagar.**

Fastetidens söndagar och påskaftonens efter-
middag äro inga fastedagar. — Kvatemberda-
garna äro en onsdag, fredag och lördag vid var och
en av de fyra årstidernas början; de fyra vigilie-
dagarna äro dagarna (»aftnarna») före jul, pingst,
Marie himmelsfärd och allhelgonadagen.

163. Vem är förpliktad att hålla de påbjudna faste-
dagarna?

Varje katolik, som har fyllt tjugoett år och ännu icke börjat det sextionde, är förpliktad att hålla de påbjudna fastedagarna, om han icke erhållit dispens.

Från fastan äro f r i t a g n a:

1. sjuka, klena och konvalescenter;
2. sådana, som antingen förrätta tungt arbete eller genom att fasta skulle förhindras i uppfyllandet av sitt kalls plikter. — I tvivelaktiga fall bör man rådfråga biktfadern.

A b s t i n e n s betyder avhållsamhet. Abstinensdagar äro sådana dagar, på vilka vi skola avhålla oss från all k ö t t m a t.

164. Vilka dagar äro abstinensdagar?

Abstinensdagar äro årets alla fredagar, askonsdagen samt påskaftonen till kl. 12 på middagen.

Om påbjuden helgdag firas på en fredag, bortfaller abstinensen.

165. Vem är förpliktad att hålla abstinensdagarna?

Förpliktad att hålla abstinensdagarna är varje katolsk kristen, som fyllt sju år och icke är fritagen av något giltigt skäl.

Skäl, som fritaga från abstinensen, äro t. ex. sjukdom eller svår fattigdom.

Icke maten, som ingår genom munnen, orenar människan, utan det är olydnadens synd och oordnat matbegär, som befläcka själen.

Några dagar äro både faste- och abstinensdagar, nämligen askonsdagen, fastetidens fredagar, kvatemberveckornas fredagar och påskaftonen till klockan 12 på middagen.

166. Vartill äro faste- och abstinensdagarna anordnade?

Faste- och abstinensdagarna äro anordnade, på det att vi må
1. **efterlikna Kristi och helgonens exempel,**
2. **göra bot för våra synder,**
3. **lättare tygla våra onda böjelser.**

Under hela fastetiden och hela adventstiden är det förbjudet att anordna och bevista larmande och uppsluppna offentliga nöjen, särskilt danstillställningar. Vi skola särskilt under dessa botgöringstider tygla vår nöjes- och njutningslystnad.

Kyrkans fjärde bud.

»Du skall åtminstone en gång om året bikta dina synder!»

Den, som älskar sin själ, väntar icke länge med att bikta, så snart han haft olyckan att begå någon svår synd. — Ofta upprepad bikt är en hjälp till att undvika dödssynd. — Kyrkan f o r d r a r, att vi åtminstone en gång om året bikta våra synder.

Kyrkans femte bud.

»Du skall åtminstone en gång om året, vid påsktiden, mottaga den heliga kommunionen!»

Kyrkan ö n s k a r, att vi ofta, ja dagligen gå till Herrens bord. Hon. b e f a l l e r, att vi åtminstone en gång om året skola mottaga den heliga kommunionen. Såsom lämplig tidpunkt härför har hon föreskrivit påsktiden.

Det är Kyrkans önskan, att alla skola mottaga påskkommunionen i sin egen församlings kyrka.

*　　*

*

När man talar om Kyrkans bud, så menar man vanligtvis dessa fem bud. Men dessutom har Kyrkan inskärpt flera andra plikter, t. ex. katoliker skola icke ingå äktenskap med annorlunda troende, avhålla sig från icke-katolsk gudstjänst, icke läsa dåliga skrifter, icke inträda i förbjudna föreningar, icke taga någon befattning med spiritistiska »seancer».

Den, som av helt fri vilja överträder något av Kyrkans bud i en viktig sak, begår en dödssynd.

> Med tack till Gud jag städse vill
> den sanna Kyrkan höra till,
> från henne aldrig vika.

Kristlig levnadsvandel.

Samvetets röst.

167. Vad säger oss samvetets röst?

Samvetets röst säger oss vid varje handling, vad som är rätt och vad som är orätt.

Före handlingen manar vårt samvete oss att göra det goda och att undvika det onda. Efter handlingen berömmer det oss, när vi ha gjort det goda (gott samvete), och klandrar oss, när vi gjort något dåligt (ont samvete, samvetskval).

Den, som troget följer samvetets röst, är samvetsgrann. Åt den samvetsgranne skänker Gud glädje och frid; han har aldrig några samvetskval och är glad i medvetandet om sin goda gärning.

Den, som icke följer samvetets röst, blir samvetslös. Han kommer så småningom till allt större synder och slutligen till de grövsta laster. Ex. Judas kom från snikenhet först till stöld, sedan till oro, därefter till förräderi och slutligen till förtvivlan och självmord.

Det är alltid vår plikt att följa samvetet, när det säger till oss: detta goda måste du göra, eller: detta onda får du icke göra.

»Hav alltid ett gott samvete och du skall alltid hava frid!» (Kristi efterf.)

1. Det goda.

Det goda är det, som står i överensstämmelse med Guds heliga vilja. En människa är god (i sedlig mening), om hon gärna gör Guds vilja. Ju mer en människas vilja överensstämmer med Guds, och ju större den kärlek är, som driver henne att göra Guds vilja, dess fullkomligare är hon.

Goda gärningar.

Varje kristen måste förrätta goda gärningar. Ty Jesus säger: *»Vart och ett gott träd bär god frukt»*. (Matt. 7:17.) Därtill giver Gud sin hjälp och sin nåd.

Det finnes goda gärningar, som äro påbjudna (hit höra bland annat vårt kalls plikter), och sådana, som det står oss fritt att göra.

168. Vilka goda gärningar anbefaller den Heliga Skrift?

Den Heliga Skrift anbefaller bön, fasta och allmosor med orden: »Något gott är bön i förening med fasta och allmosor.» (Tob. 18:8.)

Som bön räknas alla fromhetsyttringar, som fasta varje självförnekelse, som allmosa varje yttring av kärlek till nästan.

Förtjänstfulla gärningar.

Såväl de föreskrivna som de fritt valda goda gärningarna kunna enligt Guds kärleksfulla löfte vara förtjänstfulla för himmelen. *»Samlen eder skatter i himmelen!»* (Matt. 6:20.)

169. När äro våra goda gärningar förtjänstfulla för himmelen?

Våra goda gärningar äro förtjänstfulla för himmelen, endast när vi utföra dem i nådens tillstånd.

Våra goda gärningars förtjänstfullhet beror alltså på Kristi förtjänst. Ty först genom Kristi återlösning hava vi erhållit den hjälpande och heliggörande nåden och därmed förmågan till goda, förtjanstfulla gärningar.

Den katolska läran om de goda gärningarna förringar alltså icke Jesu Kristi återlösningsgärning, utan framhäver än mera dess nödvändighet och värde.

Våra goda gärningar kunna även utplåna timliga syndastraff.

De goda gärningar, som utföras i d ö d s s y n d e n s tillstånd, medföra icke någon lön i himmelen. De äro likväl nyttiga. För dem skänker Gud ofta åt syndaren jordisk lön eller nåd att omvända sig. Exempel: Daniel sade till Nebukadnessar: *»Gör dig fri från dina synder genom att göra gott och ifrån dina missgärningar genom att öva barmhärtighet mot de fattiga!»* (Dan. 4:24.) N i n i v e s invånare ernådde genom sin botgöring, att Gud icke lät staden gå under, såsom han hotat.

»Glädjens och fröjden eder, ty eder lön är stor i himmelen!» (Matt. 5:12.)

Arbetsamhet.

Människan är född till att arbeta liksom fågeln till att flyga. **Varje** människa skall arbeta.

Det finnes kroppsarbete och tankearbete. Båda slagen äro värdefulla för det mänskliga samhället.

170. Varför skola vi arbeta?

Vi skola arbeta

1. emedan Gud påbjuder arbetet,

2. emedan arbetet medför välsignelse.

1. Gud säger: *»Sex dagar skall du arbeta!»* (5 Mos. 5:13.) Aposteln Paulus säger: *»Om någon icke vill arbeta, så skall han icke heller äta».* (2 Tess. 3: 10.) Redan i paradiset måste Adam arbeta: *»han var satt till att bruka och bevara lustgården».* (1 Mos. 2:15.) Detta var visserligen endast en angenäm sysselsättning. Efter syndafallet sade Gud: *»I ditt anletes svett skall du äta ditt bröd!»* (1 Mos. 3:19.) Arbetet hade blivit en hård botgöring.

2. Arbetet medför **timlig** välsignelse: det håller kroppen och själen friska och sunda, det skyddar mot ledsnad och otillfredsställelse, det förskaffar oss det dagliga brödet och leder till välstånd. — Arbete medför välsignelse för **evigheten**: allt arbete, som vi utföra i den **heliggörande nådens tillstånd**, medför himmelsk lön; **flitigt** arbete skyddar mot många frestelser och synder; **mödosamt** arbete är en hälsosam botgöring.

171. Huru skola vi arbeta?

Vi skola arbeta flitigt, tåligt och ihärdigt.

Den goda avsikten.

172. När hava vi en god avsikt?

Vi hava en god avsikt eller mening, när vi genom vårt görande och låtande vilja tjäna Gud och ära honom.

Ju fullkomligare vår avsikt är, desto större är vår förtjänst för himmelen.

Aposteln Paulus skriver: *»Vare sig I äten eller dricken, eller vad helst annat I gören, så gören allt till Guds ära!»* (1 Kor. 10: 31.)

173. På vad sätt kunna vi i korthet uppväcka den goda avsikten?

Vi kunna i korthet uppväcka den goda avsikten med orden: »Allt till Guds ära!» »I Guds namn!» »Ske Guds vilja!»

Eller också: »I Faderns och Sonens och den Helige Andes namn!» »Jesus, för din skull!»

En from kristen uppväcker varje morgon den goda avsikten och förnyar den ofta under dagens lopp.

Om någon gör något tillåtligt i **förvänd avsikt**, säger man, att han har en **ond** (syndig) **mening**. För en sådan avsikt måste vi akta oss. Frälsaren talar mycket strängt härom. »Hycklare» kallar han dem, som förrätta sina goda gärningar endast för att bliva sedda av människorna. »*Sannerligen, säger jag eder, de hava fått ut sin lön.*» (Matt. 6:5.)

Det är i synnerhet viktigt, att vi helga vårt a r b e t e genom en god avsikt, ty arbetet tager ju vår tid mest i anspråk.

Kristlig dygd.

I dopet erhålla vi a n l a g, som göra oss dugliga att verka gott för himmelen. Dessa anlag kallas u n d f å n g n a dygder. — Den, som ofta utför goda gärningar, förvärvar en viss skicklighet eller färdighet i det goda. Denna färdighet kallas f ö r v ä r v a d dygd.

174. Vilka dygder äro de viktigaste?

De viktigaste dygderna äro de tre gudomliga dygderna: tro, hopp och kärlek.

De kallas g u d o m l i g a dygder, emedan de på ett alldeles särskilt sätt förbinda oss med Gud.

175. När böra vi uppväcka de tre gudomliga dygderna?

Vi bör ofta uppväcka de tre gudomliga dygderna, i synnerhet vid morgon- och aftonbönen, i frestelse att fela mot dessa dygder och i livsfara.

De övriga dygderna kallas s e d l i g a dygder. Det finns många sedliga dygder.

176. Vilka sedliga dygder har Kristus särskilt anbefallt oss?

Kristus har särskilt anbefallt oss de sedliga dygder, som nämnas i de åtta saligheterna.

De åtta saligheterna lyda:

1. »*Saliga äro de, som äro fattiga i anden, ty dem hör himmelriket till.*»
2. »*Saliga äro de saktmodiga; ty de skola besitta jorden.*»
3. »*Saliga äro de, som sörja; ty de skola bliva tröstade.*»
4. »*Saliga äro de, som hungra och törsta efter rättfärdighet; ty de skola bliva mättade.*»

80

5. »*Saliga äro de barmhärtiga; ty dem skall vederfaras barmhärtighet.*»
6. »*Saliga äro de renhjärtade; ty de skola se Gud.*»
7. »*Saliga äro de fridsamma; ty de skola kallas Guds barn.*»
8. »*Saliga äro de, som lida förföljelse för rättfärdighets skull; ty dem hör himmelriket till.*» (Matt. 5:3—10.)

1. I anden fattig är den, som håller sitt hjärta fritt från oordnad kärlek till det timliga goda och undviker girighet. Ex. Den helige Frans av Assisi.
2. De saktmodiga behärska vrede och hämndlystnad, t. o. m. då orätt vederfares dem. Ex. David gentemot Saul.
3. Till de sörjande, som Jesus saligprisar, höra alla, som hava en sann ånger över sina synder, de som hava hemlängtan till himmelen, och de, som villigt och botfärdigt bära sitt lidande. Ex. Den botfärdiga Magdalena.
4. De, som med allvarlig iver bemöda sig om sin själs välfärd, hungra och törsta efter rättfärdighet. Ex. Nikodemus.
5. De barmhärtiga hava medlidande med andras nöd och vilja avhjälpa den. Ex. Den helige Vincens av Paul, den heliga Elisabet.
6. Renhjärtade äro de, som icke befläcka sitt hjärta med dödssynder, i synnerhet icke med okyskhetens synder, och framför allt de, som t. o. m. sträva att hålla det fritt från frivilliga förlåtliga synder. Ex. Den helige Aloisius, den heliga Agnes.
7. Fridsamma äro de, som vinnlägga sig om frid; de sörja för att friden icke blir störd och att störd frid blir återställd. Ex. Abraham gentemot Lot.
8. Den, som angripes för den sanna trons skull eller för sin dygd, han lider förföljelse för rättfärdighets skull. Ex. De heliga apostlarna.

Fullkomlighet.

Den, som i allt handlar såsom kristlig dygd bjuder och som älskar Gud på ett särskilt innerligt och verksamt sätt, kallas fullkomlig. Varje kristen bör sträva efter att bliva fullkomlig; ty Jesus har sagt: »*Varen fullkomliga, såsom eder himmelske Fader är fullkomlig!*» (Matt. 5:48.)

177. Vem är den kristliga fullkomlighetens främsta förebild?

Den kristliga fullkomlighetens främsta förebild är Jesus Kristus själv, som har sagt: »Vill du vara fullkomlig, så följ mig!» (Matt. 19:21.)

Andra förebilder äro helgonen. De hava efterföljt Kristus och visa oss, hur vi skola bliva allt bättre och fullkomligare.

178. Vad måste vi göra för att bliva fullkomliga?

För att bliva fullkomliga måste vi följa Jesu uppmaning: »Om någon vill efterfölja mig, så förneke han sig själv!» (Luk. 9:23.)

Genom den kristliga s j ä l v f ö r n e k e l s e n (självövervinnelsen) tyglas våra onda böjelser; den av förnuftet ledda viljan säger offervilligt »nej», när egenkärleken begär något dåligt eller ofullkomligt.

Den, som vill bliva fullkomlig, skall dessutom ofta tänka på Guds närvaro, gärna bedja, ivrigt lyssna till Guds ord (samt, då tillfälle bjudes, också deltaga i exercitier och andra religiösa övningar), ofta kommunicera, så mycket som möjligt undvika den förlåtliga synden och vara trogen i det lilla.

»*Den, som är trogen i det minsta, han är ock trogen i det större.*» (Luk. 16:10.)

Jesus har i Evangeliet även t i l l r å t t särskilda medel till fullkomlighet; dessa kallas de e v a n g e l i s k a r å d e n.

179. Vad anbefaller Jesus i de evangeliska råden?

**I de evangeliska råden anbefaller Jesus dem, som särskilt vilja efterfölja honom:
1. frivillig fattigdom,**

7.

2. kysk levnad i ogift stånd,
3. ständig lydnad mot andlig överhet.

Ordensfolk förplikta sig genom heliga löften att följa dessa tre evangeliska råd och så beständigt sträva efter fullkomlighet.

»Vandra inför mig och var fullkomlig!» (1 Mos. 17: 1.)

2. Det onda.

Det verkliga och egentliga onda är synden.

Timligt ont, såsom sjukdom, lidande eller motgång, är icke något verkligt ont, utan skall efter Guds kärleksfulla avsikter tjäna till vårt sanna väl.

Frestelsen.

Djävulen, världen och begärelserna locka oss ofta till synd. En sådan lockelse till det onda kallas frestelse.

Det finnes självförvållade och oförvållade frestelser. Här är det huvudsakligen fråga om oförvållade frestelser.

Gud tillstädjer frestelserna för att hålla oss i ödmjukhet och giva oss tillfälle till förtjänstfull kamp.

180. När blir av frestelsen en synd?

Av frestelsen blir en synd, när vi i vilja eller handling samtycka.

181. Vad måste vi göra för att övervinna frestelserna?

För att övervinna frestelserna måste vi bedja och från början emotstå dem. Jesus säger: »Vaken och bedjen, att I icke mån komma i frestelse!» (Mark. 14: 38.)

Särskilda medel mot frestelserna äro: att avlägsna sig från det onda tillfället, förrätta en kort bön och göra det heliga korstecknet, tänka på andra saker och allvarligt sysselsätta sig med något annat.

182. Vartill gagnar oss varje övervunnen frestelse?

Varje övervunnen frestelse giver oss kraft till nya strider och förvärvar oss lön av Gud. »Stån emot djävulen, så skall han fly bort från eder.» (Jak. 4: 7.)

Synden.

183. Vem begår en synd?

En synd begår den, som med vett och vilja överträder ett Guds bud.

Även den, som icke rättar sig efter Kyrkans bud, föräldrars eller förmäns föreskrifter, överträder ett Guds bud, nämligen det fjärde.

Man kan synda: 1. genom o n d a tankar, ord och gärningar, 2. genom u n d e r l å t a n d e a v d e t g o d a, som man är förpliktad att göra (underlåtenhetssynd).

Man kan synda i sitt i n r e, utan att till det yttre begå något ont. De inre synderna kallas t a n k e-s y n d e r. De flesta tankesynder begås därigenom, att någon v i l l göra något ont eller g l ä d e r sig över, att han gjort det eller över att göra det. För övrigt är det redan synd att o n ö d i g t v i s frivilligt tänka på onda ting, som locka till synd.

Icke alla synder äro lika fördärvliga, det finnes svåra synder, d ö d s s y n d e r, och mindre synder, som kallas f ö r l å t l i g a s y n d e r.

Kristus liknar somliga synder vid »grand», andra vid »bjälkar». (Matt. 7: 3.)

Dödssynden.

184. Vem begår en dödssynd?

En dödssynd begår den, som alldeles frivilligt överträder ett Guds bud i en viktig sak.

»Alldeles frivilligt» kallar man det, som sker med fullt vett och fri vilja.

Vi böra frukta och undvika dödssynden såsom det största onda.

Dödssynden är det största onda, emedan den är en svår orätt mot Gud och den största olycka för människan.

185. Varför är dödssynden en svår orätt mot Gud?

Dödssynden är en svår orätt mot Gud, emedan den är

1. en fräck olydnad mot Herren,

2. en skändlig otacksamhet mot vår största välgörare,

3. en skymflig förolämpning mot Guds majestät.

3. Förolämpningen är skymflig, emedan man genom dödssynden avsäger sig den oändlige Guden för något jordiskt gott.

Dödssynden är så fördärvbringande, att Jesus Kristus måste lida och dö för att frälsa oss från dess förfärliga följder.

186. Varför är dödssynden den största olycka för människan.

Dödssynden är den största olycka för människan,

1. emedan den berövar människan den heliggörande nåden och alla förtjänster för himmelen;

2. emedan den ådrager människan timliga straff och evig fördömelse.

»De, som göra synd, äro fiender till sin egen själ.» (Tob. 12:10.) — Om den, som är i dödssyndens tillstånd, gäller ordet: *»Du har det namnet om dig, att du lever, men du är död».* (Upp. 3:1.)

Hur mycken olycka en enda dödssynd kan medföra, se vi av änglarnas synd och av våra stamföräldrars synd.

Om någon ofta begår samma synder, så blir det onda honom till en vana, han blir lastfull.

Den, som avvisar Guds nåd och framhärdar i

de svåra synderna, blir blind för sanningen och förhärdad för goda väckelser; han hemfaller åt f ö r b l i n d e l s e och f ö r s t o c k e l s e.

En obotfärdig, förstockad syndares slut är förskräckligt. *»Deras ände skall svara emot deras gärningar.»* (2 Kor. 11:15.)

Den förlåtliga synden.

De mindre synderna kallas f ö r l å t l i g a s y n-d e r, emedan de l ä t t a r e (d. v. s. utan bikt) kunna f ö r l å t a s.

187. Vem begår en förlåtlig synd?

En förlåtlig synd begår

1. **den, som i en mindre viktig sak frivilligt överträder ett Guds bud,**
2. **den, som visserligen i en viktig sak men dock icke fullt frivilligt överträder ett Guds bud.**

188. Varför böra vi noga undvika även den förlåtliga synden?

Vi böra noga undvika även den förlåtliga synden,

1. **emedan även den förolämpar Gud;**
2. **emedan den ofta ådrager oss strängt straff;**
3. **emedan den så småningom leder till svåra synder.**

»Hav Herren, vår Gud, alltid i dina tankar, och låt dig icke förledas till att synda och överträda hans bud!» (Tob. 4:6.)

*   *

*

»Frukta Gud och håll hans bud, ty det hör alla människor till!» (Pred. 12:13.)

Tredje huvudstycket.

Nådemedlen.

Jesus säger: *»Mig förutan kunnen I intet göra».* (Joh. 15:5.)

Av **egen** kraft kunna vi icke tro och icke heller hålla buden, så som det är nödvändigt för att vinna saligheten; därtill behöva vi gudomlig nåd.

Kristus har förvärvat oss nåden, den Helige Ande meddelar oss den.

Nåden.

Nåd kalla vi varje inre gåva, som Gud förlänar oss till vårt eviga väl.

Det finnes två slags nåd: den **hjälpande** nåden och den **heliggörande** nåden.

1. Den hjälpande nåden.

189. Vad verkar Gud i oss genom den hjälpande nåden?

Genom den hjälpande nåden upplyser Gud vårt förstånd och påverkar vår vilja, för att vi må undvika det onda och göra det goda.

Syndaren behöver den hjälpande nåden för att kunna bliva rättfärdig, och den redan **rättfärdige** behöver den för att alltjämt förbliva rättfärdig och för att kunna verka för himmelen.

Den hjälpande nåden är så nödvändig för oss, att vi utan den icke kunna **börja, fortsätta** eller **fullborda** det ringaste till vår salighet. *»Gud är den, som verkar i eder både vilja och gärning.»* (Fil. 2:13.)

190. Hur mycken nåd erhåller varje människa?

Varje människa erhåller så mycken nåd, att hon kan bliva salig; dock få icke alla lika mycken nåd från Gud.

»Gud vill, att alla människor skola bliva saliga.» (1 Tim. 2:4.)

Den, som flitigt brukar de av Gud förordnade medlen, får riklig nåd. Sådana medel äro de h e- l i g a s a k r a m e n t e n och b ö n e n (nåde-medlen).

191. Vad måste vi göra, för att nåden verkligen skall hjälpa oss?

Vi måste medverka med nåden och få icke motstå den; aposteln Paulus säger: »Vi förmana eder att icke så mottaga Guds nåd, att den bliver utan frukt.» (2 Kor. 6:1.)

»O, att I viljen i dag höra hans röst! Förhärden icke edra hjärtan!» (Ps. 94:8.)

Viktigt är, att vi troget medverka även i ringa ting. Ex. De båda ogärningsmännen.

Kristus säger: *»Se, jag står för dörren och klappar; om någon lyssnar till min röst och upplåter dörren, så skall jag gå in till honom och hålla måltid med honom och han med mig.»* (Upp. 3:20.)

2. Den heliggörande nåden.

H e l i g g ö r a n d e kallas den nåd, som gör oss heliga och Gud välbehagliga.

192. Vad verkar den heliggörande nåden i oss?

Den heliggörande nåden gör oss till Guds barn och till himmelens arvingar.

Den heliggörande nåden är s j ä l e n s ö v e r n a- t u r l i g a l i v. — Kristus kallar den bröllopsklädnaden, utan vilken ingen får komma in till det himmelska gästabudet. (Matt. 22.) — Den kallas även G u d s b a r n a s k a p.

Vi mottaga den heliggörande nåden först genom det heliga dopet.

Den Helige Ande kommer till oss med den heliggörande nåden och drager med den in i själen för att bo där. *»Veten I icke, att I ären Guds tempel och att Guds Ande bor i eder?»* (1 Kor. 3:16.)

Den heliggörande nåden är den dyrbaraste skatt, vi kunna äga på jorden. Därför måste det vara vår största omsorg att icke förlora den, utan fastmer ständigt föröka den och snarast möjligt återvinna den, om den gått förlorad.

193. Varigenom går den heliggörande nåden förlorad?

Den heliggörande nåden går förlorad genom dödssynden.

Denna synd kallas dödssynd, emedan den dödar själens övernaturliga liv.

194. Varigenom återvinnes den heliggörande nåden?

Den heliggörande nåden återvinnes:

1. genom botens sakrament,

2. genom en fullkomlig ånger.

Den, som genom en fullkomlig ånger har återvunnit nåden, måste dock bekänna de svåra synderna i nästa bikt.

195. Varigenom förökas den heliggörande nåden?

Den heliggörande nåden förökas genom de heliga sakramenten och genom varje god gärning, som vi förrätta i nådens tillstånd.

»Sen, vilken kärlek Fadern har bevisat oss därmed, att vi kallas och äro Guds barn.» (1 Joh. 3:1.) *»Men äro vi barn, så äro vi ock arvingar, nämligen Guds arvingar och Kristi medarvingar.»* (Rom. 8:17.)

De heliga sakramenten.

196. Vilka äro de sju heliga sakramenten?

De sju heliga sakramenten äro: 1. dopet, 2. bekräftelsen, 3. Altarets allraheligaste sakrament, 4. boten, 5. sista smörjelsen, 6. prästvigningen, 7. äktenskapet.

I fornkyrkan meddelades de tre första sakramenten omedelbart efter varandra; därför uppräknas de fortfarande i denna ordningsföljd.

197. Vilka tre ting höra till ett sakrament?

Till varje sakrament höra följande tre ting: 1. det yttre tecknet, 2. den inre nåden, 3. instiftelsen genom Jesus Kristus.

De heliga sakramenten äro instiftade av Jesus Kristus för att helga oss. Av honom erhålla de yttre tecknen den därtill erforderliga kraften.

Vid de heliga sakramentens meddelande förekomma utom de av Jesus förordnade tecknen även andra sinnebildliga handlingar. Dessa äro anordnade av K y r-k a n och kallas c e r e m o n i e r. De skola hänvisa på nådegåvorna, som vi erhålla i sakramenten, och skola tillika hos de troende väcka vördnad och andakt.

Varje sakrament meddelar oss heliggörande och hjälpande nåd. De hjälpande nådegåvorna äro hos de olika sakramenten olikartade.

198. Huru måste vi mottaga de heliga sakramenten?

Vi måste mottaga de heliga sakramenten värdigt.

Vi mottaga de heliga sakramenten v ä r d i g t, om vår själ är i det tillstånd, som sakramentet fordrar. Vid de flesta sakramenten är den heliggörande nådens tillstånd nödvändigt för ett värdigt mottagande; dopet meddelar densamma; boten återskänker oss den.

Den, som medvetet mottager ett sakrament o v ä r d i g t, begår ett helgerån.

199. Vilka sakrament kunna mottagas endast en gång?

Dopet, bekräftelsen och prästvigningen kunna mottagas endast en gång.

Vart och ett av dessa tre sakrament giva själen ett outplånligt särmärke: dopet särmärket av en Kristi lärjunge, bekräftelsen särmärket av en Kristi stridsman, prästvigningen särmärket av en Kristi präst.

»Förstode du blott Guds gåva!» (Joh. 4:10.)

Dopet.

Ordet dop kommer av neddoppa. Fordom meddelades dopet genom neddoppning.

200. Med vilka ord har Kristus påbjudit dopet?

Kristus har bjudit apostlarna: »Gören alla folk till lärjungar och döpen dem i Faderns och Sonens och den Helige Andes namn!» (Matt. 28:19.)

201. På vad sätt meddelas dopet?

Den döpande gjuter vatten över dens huvud, som skall döpas, i det han samtidigt uttalar orden: »Jag döper dig i Faderns och Sonens och den Helige Andes namn».

Vid nöddop sker endast detta, men vid det högtidliga dopet tillkomma även andra ceremonier.

För dopets giltighet är vanligt (naturligt) vatten tillräckligt. Vid det högtidliga dopet användes dopvatten, som blivit vigt på påskaftonen eller pingstaftonen.

202. Vad verkar dopet?

Dopet utplånar alla synder och syndastraff samt meddelar det övernaturliga livet och hjälpande nåd till att bevara det.

Först och främst utplånas arvsynden genom dopet.

Emedan dopet gör oss till G u d s b a r n, kallas det också p å n y t t f ö d e l s e n s sakrament.

Tillika med den heliggörande nåden emottaga vi i det heliga dopet även de övernaturliga dygderna.

Genom dopet bliva vi k r i s t n a. Dopet är därför det f ö r s t a sakramentet: före dopet kan man icke giltigt mottaga något annat sakrament. Dopet är tillika det nödvändigaste sakramentet.

203. Varför är dopet det nödvändigaste sakramentet?

Dopet är det nödvändigaste sakramentet, emedan Jesus har sagt: »Om en människa icke bliver född på nytt av vatten och den Helige Ande, så kan hon icke komma in i Guds rike.» (Joh. 3: 5.)

Utan dopet kan ingen bliva salig. Därför vill Kyrkan, att de n y f ö d d a b a r n e n s d o p icke skall uppskjutas länge. Man kan endast en gång giltigt döpas.

Den, som utan egen skuld icke fått mottaga dopet, kan även bliva salig genom det andliga dopet eller genom blodsdopet. Med a n d l i g t d o p menas en fullkomlig ånger med den allvarliga åstundan att i alla punkter uppfylla Guds vilja. Med b l o d s d o p menas martyrdöden för Kristi skull.

204. Vem kan döpa giltigt?

Varje människa kan döpa giltigt; dock skall, utom i nödfall, en av församlingens präster döpa.

205. Vad lovar dopbarnet genom faddrarna?

1. Dopbarnet avsäger sig satan och all synd samt .lovar att leva ett kristligt liv;
2. det bekänner den gudomliga läran och lovar tro på den.

Dopbarnets löfte antages av Gud; sålunda slutes liksom ett förbund. Därför sjunga vi: »Fast stånda skall mitt dopförbund».

F a d d r a r n a skola vara goda katoliker, ty de skola, om det är av nöden, se till, att barnet undervisas och väl uppfostras i den katolska religionen. — Faddrarna bliva liksom dopbarnets andliga föräldrar. (Andlig släktskap.) — De kunna icke ingå äktenskap med sitt gudbarn.

Dophandlingens förlopp.

1. Före dopet.

1. Barnet får ett **namn efter ett helgon**, som så blir dess beskyddare och förebild.
2. Prästen **blåser** tre gånger på barnets ansikte. Härigenom antydes den onde andens utdrivande. Därpå giver prästen barnet salt såsom sinnebild av den kristliga visheten.
3. I den treenige Gudens namn befaller prästen högtidligen satan att gå ut ur barnet.
4. Barnet föres in i kyrkan.
5. Barnets **öron** och **näsa** beröras med saliv (Mark. 7:33) till tecken på att dess andliga sinne må öppna sig för den himmelska sanningen.
6. **Doplöftet** avlägges genom faddrarna.
7. Barnet smörjes på bröstet och mellan skuldrorna med **helig olja**. Denna smörjelse angiver. att dopet stärker oss till att övervinna de onda frestelserna och att bära Kristi buds ok.
8. Nu följer det egentliga meddelandet av dopet (fråga nr 201).

2. Efter dopet.

1. Prästen smörjer barnet på hjässan med **krisma** (olivolja blandad med balsam) för att beteckna, att det nu har blivit en kristen och att dess själ är smord med den Helige Andes nåd.
2. Prästen lägger på barnet en **vit klädnad** (sinnebild av den undfångna oskulden) och räcker det ett **brinnande ljus** (sinnebild av tron och de goda gärningar, som den döpte nu skall låta lysa såsom ett ljus).

Också till dig har prästen sagt i det heliga dopet: »Tag emot den vita klädnaden och frambär den obefläckad inför vår Herres Jesu Kristi domstol, på det du må vinna det eviga livet!»

Bekräftelsen (konfirmationen).

206. Vad berättar den Heliga Skrift om bekräftelsen?

Den Heliga Skrift berättar, att redan apostlarna meddelat bekräftelsen.

Vi läsa: »*Då nu apostlarna i Jerusalem fingo höra, att Samaria hade tagit emot Guds ord, sände de dit Petrus och Johannes. Och när dessa kommo dit, bådo de för dem, att de måtte undfå den Helige Ande; ty han hade ännu icke kommit över någon av dem, utan de voro endast döpta i Herrens Jesu namn. De lade då händerna på dem, och de undfingo den Helige Ande.* (Apg. 8:14—17.)

Makt att bekräfta hava **biskoparna**; dock kan påven förläna denna makt även åt en präst.

207. På vad sätt meddelas bekräftelsen?

Biskopen lägger handen på konfirmanden och smörjer hans panna med krisma, i det han säger: »Jag tecknar dig med korsets tecken och bekräftar dig med frälsningens krisma i Faderns och Sonens och den Helige Andes namn.»

208. Vad verkar bekräftelsen?

Bekräftelsen meddelar oss den Helige Ande, på det att vi ståndaktigt må bekänna vår tro och tappert bekämpa vår frälsnings alla fiender.

Frälsningens fiender äro: 1. det onda begäret, 2. den onda världen, 3. den onde fienden. Mot alla tre styrkas vi genom den heliga bekräftelsen, men särskilt mot den onda världen. Denna vill genom lockelser, hotelser och förföljelser draga oss bort från Kristus och hans Kyrka. Därför måste vi kämpa mot världen, i det vi utan människofruktan bekänna och troget efterleva vår katolska tro.

Bekräftelsen är visserligen icke nödvändig för saligheten, det vore dock en synd, om man av likgiltighet icke ville mottaga detta sakrament.

209. Hur skall konfirmanden förbereda sig?

Konfirmanden skall

1. flitigt bevista konfirmationsundervisningen,

2. ivrigt bedja om den Helige Andes gåvor,

3. värdigt bikta och kommunicera.

Efter den heliga bekräftelsen skall man innerligt tacka Gud för den mottagna nåden och lova honom att leva och dö som en tapper Kristi stridsman samt fromt och heligt tillbringa konfirmationsdagen.

Konfirmationsfaddern åtager sig inför Gud plikten att med råd och dåd bistå gudbarnet i den andliga striden.

Bekräftelsens förlopp.

1. Först lyfter biskopen sina händer över a l l a konfirmanderna och nedkallar den Helige Andes gåvor över dem.

2. Sedan meddelar biskopen den heliga bekräftelsen åt v a r o c h en (fråga nr 207). Härvid lägger konfirmationsfaddern sin hand på konfirmandens axel. — Korset på pannan betyder, att den konfirmerade tillhör Kristus och icke skall blygas för sin tro. *»Jag blyges icke för Evangelium.»* (Rom. 1: 16.)

   Därefter giver biskopen konfirmanden ett lätt s l a g p å k i n d e n. För Jesu namns skull skall den konfirmerade tåligt bära alla slags förödmjukelser och så finna den sanna friden; det säga biskopens ord: »F r i d v a r e m e d d i g.»

3. Till slut beder biskopen ännu en gång över a l l a k o n f i r m a n d e r n a och meddelar dem en högtidlig välsignelse.
   »Stån fasta i tron, handlen som män, varen starka.» (1 Kor. 16:13.)

Altarets allraheligaste sakrament.

Altarets sakrament är det heligaste och nåderikaste av de heliga sakramenten, emedan Kristus själv är där närvarande.

210. Med vilka ord har Kristus utlovat Altarets sakrament?

Dagen efter den första underbara brödförökningen sade Jesus till judarna: »D e t b r ö d, s o m j a g s k a l l g i v a e d e r, ä r m i t t k ö t t f ö r v ä r l d e n s l i v.» **Då tvistade judarna sinsemellan och sade: Huru kan denne giva oss sitt kött att äta? Men Jesus sade till dem:** »Sannerligen, sannerligen säger jag eder: Om I icke äten Människosonens kött och dricken hans blod, skolen I icke hava livet i eder. Den, som äter mitt kött och dricker mitt blod, han har det eviga livet, och jag skall uppväcka honom på den yttersta dagen. T y m i t t k ö t t ä r s a n n s k y l d i g f ö d a, o c h m i t t b l o d ä r s a n n s k y l d i g d r y c k.» (Joh. 6: 52—56.)

211. På vad sätt har Jesus instiftat Altarets sakrament?

Vid den sista nattvarden tog Jesus brödet, välsignade, bröt det och gav det åt sina lärjungar, sägande: »T a g e n o c h ä t e n, d e t t a ä r m i n l e k a m e n, s o m v a r d e r u t g i v e n f ö r e d e r.» — **Sammalunda tog han ock kalken, välsignade och gav den åt sina lärjungar, i det han sade:** »Dricken härav alla, t y d e t t a ä r m i t t b l o d, det nya förbundets blod, som för eder och för många varder utgjutet till syndernas förlåtelse.» — »G ö r e n d e t t a t i l l m i n å m i n n e l s e!» (Matt .26: 26—28; Mark. 14: 22—24; Luk. 22: 19—20; 1 Kor. 11: 24—25.)

På skärtorsdagen fira vi instiftelsen av Altarets sakrament, men dess huvudfest är Kristi Lekamens fest.

212. Vad skedde vid Jesu ord: »Detta är min lekamen — detta är mitt blod»?

Vid Jesu ord: »Detta är min lekamen — detta är mitt blod» förvandlades bröd och vin till hans lekamen och hans blod; men gestalterna av bröd och vin blevo kvar.

Med »gestalterna» av bröd och vin förstås allt, vad vi med våra sinnen förnimma av bröd och vin: utseende, smak, lukt o. s. v.

213. Vilken makt gav Jesus sina apostlar med orden: »Gören detta till min åminnelse!»?

Med orden: »Gören detta till min åminnelse» gav Jesus sina apostlar makten att förvandla bröd och vin till hans heliga lekamen och blod.

214. Till vilka har förvandlingsmakten övergått från apostlarna?

Förvandlingsmakten har övergått från apostlarna till deras efterträdare i prästämbetet.

215. När utöva prästerna förvandlingsmakten?

Prästerna utöva förvandlingsmakten i den heliga mässan, när de över bröd och vin uttala Kristi ord: »Detta är min lekamen — detta är mitt blod.»

Denna del av den heliga mässan kallas förvandlingen, emedan bröd och vin där förvandlas till Kristi lekamen och blod.

Före förvandlingen äro på altaret bröd och vin, efter förvandlingen Jesu Kristi sanna lekamen och sanna blod.

Jesus förblir närvarande i det heliga Sakramentet, så länge gestalterna av bröd och vin finnas kvar.

I Altarets allraheligaste sakrament bjuder oss Frälsaren en trefaldig, ofattbart stor välgärning: 1. han förnyar i den heliga mässan sitt korsoffer, 2. han vill i den heliga kommunionen vara vår själaspis, 3. han bor hos oss i tabernaklet, fastän han är uppfaren till himmelen.

1. Det heliga Mässoffret.

Att offra betyder att frambära en synlig gåva åt Gud för att ära honom såsom vår högste Herre.

Ordet »offer» kan hava en dubbel betydelse: 1. offerhandlingen: frambärandet av gåvor och 2. offergåvan: den framburna gåvan.

Så länge det funnits människor, har det också funnits offer. I det Gamla förbundet voro sådana förordnade av Gud själv. Dessa voro tillika f ö r b e r e d a n d e s i n n e b i l d e r till det Nya förbundets offer.

216. Vilket är det Nya förbundets offer?
Det Nya förbundets offer är Kristi k o r s o f-f e r, som f ö r n y a s i varje helig mässa.

Med korsoffret skulle icke allt offrande upphöra i det Nya förbundet. Därför har Kristus velat, att hans blodiga korsoffer skulle på oblodigt sätt förnyas intill världens ände. Korsoffret och det heliga Mässoffret äro s a m m a offer; vid båda finna vi samma offergåva och samma offerpräst. Skillnaden består däri, att Kristus på korset offrat sig på blodigt sätt, men på altaret offrar sig på oblodigt sätt, emedan han icke mera lider och dör.

217. Vad är alltså det heliga Mässoffret?
Det heliga Mässoffret är det Nya förbundets beständiga, oblodiga offer, i vilket Kristus genom prästens händer frambär sig under brödets och vinets gestalter åt sin himmelske Fader.

218. Med vilka ord förutsades det heliga Mässoffret redan i det Gamla förbundet?
Det heliga Mässoffret förutsades med orden: »Från solens uppgång ända till dess nedgång skall mitt namn vara stort bland folken, ty överallt skall åt mitt namn offras och frambäras ett rent spisoffer.» (Mal. 1: 11.)

En förebild till det heliga Mässoffret var Melkisedeks offer. *»Du är präst evinnerligen enligt Melkisedeks ordning.»* (Ps. 109: 4.)

8.

219. Med vilka ord har Jesus instiftat det heliga Mässoffret?

Vid den sista nattvarden instiftade Jesus det heliga Mässoffret med orden: »Gören detta till min åminnelse». (Luk. 22: 19.)

Jesus har instiftat det heliga Mässoffret

1. för att alltjämt på det fullkomligaste sätt ära sin himmelske Fader och
2. för att göra oss delaktiga av korsoffrets frukter.

1. Det heliga Mässoffret är det fullkomligaste lov-, tack-, försonings- och böneoffer.

2. Det heliga Mässoffret förlänar hjälpande nåd till våra själars frälsning och särskilt till syndarnes omvändelse; syndastraff efterskänkas, den gudomliga vreden blidkas, våra böner bliva verksamt understödda. En ofattbart rik välsignelse strömmar genom det heliga Mässoffret ned över hela världen.

220. Åt vem frambäres det heliga Mässoffret?

Det heliga Mässoffret frambäres åt Gud allena.

Vid det heliga Mässoffret hava vi även helgonen i å t a n k e och detta på tvåfaldigt sätt:

1. vi tacka Gud för de nådegåvor han förlänat helgonen,
2. vi bedja honom, att han för helgonens skull må vara även oss nådig.

221. För vem frambäres det heliga Mässoffret?

Det heliga Mässoffret frambäres för hela Kyrkan, för levande och döda.

En särskild andel i det heliga Mässoffrets frukter hava framför allt de, för vilka det närmast frambäres, vidare prästen, som frambär offret, och de troende, vilka andäktigt förena sig med honom i dess frambärande. Varje katolik kan bedja prästen att frambära det heliga Mässoffret i en viss bestämd mening, t. ex. för en sjuks tillfrisknande, för hjälp i en svårighet, till tacksägelse för mottagna välgärningar, till ett helgons ära, för en avlidens själaro. För att sålunda i viss mån

kunna kalla mässan sin egen, är det gammal hävd, —
i de olika stiften reglerad genom särskilda stadgar —
att man giver prästen en allmosa (ett »stipendium»),
som motsvarar en dags underhåll. Detta stipendium
får givetvis icke uppfattas såsom »priset på mässan»,
utan som sagt, enligt gammal hävd såsom en allmosa.

222. Vilka huvuddelar har den heliga mässan?

Den heliga mässan har tre huvuddelar:

1. offringen eller vigningen,
2. förvandlingen,
3. kommunionen.

Kort förklaring av den heliga mässan.

Altaret viges av biskopen; i dess mitt
vila reliker av heliga martyrer.

I. Altarets utsmyckning för den heliga mässan:
1. krucifixet (korsoffret),
2. de brinnande ljusen (Jesus, världens ljus),
3. de vita altardukarna.

II. De heliga kärlen äro:
1. patenan (en förgylld tallrik),
2. kalken.

III. Den prästerliga dräkten erinrar oss
om att prästen vid altaret såsom Kristi ställföreträdare firar en hög och helig hemlighet. Prästen
påkläder sig i följande ordning:

1. humeralet, axelduken (symbol för inre
samling),

2. alban, den långa vita klädnaden (symbol för
renhet),

3. cingulum, skärpet (symbol för självförnekelse),

4. manipeln, på vänstra armen (symbol för
apostolisk möda),

5. stolan, korslagd över bröstet (symbol för
prästerlig makt),

6. casulan, mässhaken (symbol för Kristi Guds
ok, som göres lätt genom kärlek till Gud).

IV. Även de olika **f ä r g e r n a** på de liturgiska kläderna hava sin betydelse.

> **V i t t** betyder oskulden och den andliga glädjen (vår Herres fester, Guds Moders fester, änglarnas, bekännarnas och jungfrurnas fester);
>
> **r ö t t** är eldens och blodets färg (pingst, martyrernas fester);
>
> **g r ö n t** betyder hoppet om det eviga livet (söndagarna efter trettondagen och söndagarna efter pingst);
>
> **v i o l e t t** är ödmjukhetens och botens färg (advent och fastan);
>
> **s v a r t** betecknar sorg (långfredagen och själamässorna).

V. Den heliga mässan läses på **l a t i n**,

> 1. emedan detta språk härstammar från Rom, kristenhetens medelpunkt,
>
> 2. emedan detta språk icke förändras med tiden såsom folkspråken,
>
> 3. emedan därigenom även i gudstjänsten Kyrkans enhet och enighet över hela världen framställes och befordras.

VI. **B e t y d e l s e n a v v i s s a c e r e m o n i e r,** som ofta förekomma:

> 1. **b u g n i n g:** tecken på ödmjuk vördnad,
>
> 2. **k n ä b ö j n i n g** (inför det heliga Sakramentet): tecken på tillbedjan,
>
> 3. **u t b r e d a n d e a v a r m a r n a:** tecken på bönfallande,
>
> 4. **s l å e n d e f ö r b r ö s t e t:** tecken på skuld och ånger,
>
> 5. **k y s s a n d e a v a l t a r e t:** tecken på kärlek till Kristus och vördnad för helgonens reliker,
>
> 6. **v ä x e l b ö n:** Dominus vobiscum = Herren vare med eder, — et cum spiritu tuo = och med din ande.

Från mässans början till offringen.
(den förberedande mässan)

1. Prästen beder vid det nedersta altarsteget växelvis
med mässtjänaren en psalm, t r a p p s t e g s b ö-
n e n. Därtill ansluter sig den allmänna syndabe-
kännelsen (Confiteor) och en bön om förlåtelse.
Bed andäktigt och ödmjukt »Ånger och föresats»!

2. Prästen stiger upp till altaret, kysser mitten av
detta och beder på höger sida i n g å n g s v e r s e n
(Introitus). Höger sida kallas också epistelsidan.

3. Nu följer mitt för altaret K y r i e e l e i s o n
(Herre, förbarma dig över oss), varvid var och en
av de tre gudomliga personerna tre gånger anropas
om förbarmande. *Bed tyst: »Herre, förbarma dig
över oss; Kristus, förbarma dig över oss; Herre,
förbarma dig över oss!»*

4. Vanligen ansluter sig härtill G l o r i a (Ära vare
Gud i höjden). *Här kan du erbjuda åt Gud den
heliga mässan såsom lov-, tack-, försonings- och
böneoffer.*

5. Efter Dominus vobiscum går prästen över till epis-
telsidan och beder med utbredda armar k y r k o-
b ö n e n (kollekten) för gemensamma angelägenhe-
ter. *Bed för dina angelägenheter och för hela Kyr-
kan!*

6. Hittills ha vi vänt oss i bön till Gud, nu talar Gud
till oss i episteln och evangeliet. E p i s t e l n
(brev) är oftast tagen ur apostlarnas brev.

7. Efter episteln bäres mässboken över till andra si-
dan av altaret (evangeliesidan). E v a n g e l i e t
är hämtat ur något av de fyra evangelierna. Vid
Evangeliet resa sig alla upp och teckna pannan,
munnen och bröstet med det lilla korstecknet. Detta
skall betyda, att vi vilja fast tro på Evangeliet,
öppet bekänna det och troget bevara det i hjärtat
till lefterlevnad, d. v. s. att tankar, ord och gär-
ningar skola helgas. *Bed under episteln och evan-
geliet andäktigt om tro, hopp och kärlek!*

8. Ofta, och alltid på söndagarna, följer nu C r e d o,
(den nicenska trosbekännelsen) vid altarets mitt.
Bed den apostoliska trosbekännelsen!

Första huvuddelen: offringen.

1. Liksom Jesus vid den sista nattvarden, så tager prästen först brödet och därefter vinet, som han blandat med en droppe vatten, och **frambär** det åt Gud. Därigenom få de en förberedande vigning. *»Mottag Herre, dessa gåvor ...!»*

2. Därpå **tvår** prästen sina händer till tecken på, att man vid det heliga offret måste vara ren från all synd. *»Två mig ren från mina synder!»*

3. Sedan uppfordrar han alla till bön (**Orate fratres**, d. v. s. bedjen bröder), att Gud må nådigt mottaga offret. I denna mening beder han den **stilla bönen** (Secreta).

Andra huvuddelen: förvandlingen.

1. Denna del förberedes genom **Prefationen**, som är en högtidlig lov- och tacksägelsebön. Såsom inledning säger prästen: **»Sursum corda»** (upplyften edra hjärtan!) Till slut förenar han sig med änglarnas körer och säger: »Helig, helig, helig» o. s. v. (**Sanctus**).

2. Nu följa stilla böner (**Kanon**) först för hela Kyrkan, hennes föreståndare och alla troende, i synnerhet för de närvarande och för dem, som prästen särskilt vill anbefalla åt Gud. Därefter anropas helgonen om deras förböner och offergåvorna välsignas. *Bed för Kyrkan, påven, biskopen, dina själasörjare, för dina föräldrar, anförvanter, överordnade, för dina välgörare, vänner och ovänner!*

3. Altarklockan förkunnar nu, att mässans heligaste ögonblick är inne. Prästen uttalar med sänkt röst **förvandlingsorden** över brödet och vinet, såsom Jesus uppdragit åt sina apostlar. Han böjer knä i tillbedjan. Sedan visar han folket först den heliga Hostian och därefter kalken med Kristi heliga blod. *»Var hälsad, Kristi sanna Lekamen! I djupaste vördnad tillbeder jag dig.» — »Jesus, för dig lever jag ...» — »Var hälsat, Kristi dyrbara Blod! I djupaste vördnad tillbeder jag dig.» — »Jesus, var mig nådig ...»*

4. Efter förvandlingen **beder** prästen till Gud, att han måtte nådigt mottaga detta offer till sitt folks frälsning. Sedan beder han för de a v l i d n a och tänker även på de saliga i himmelen, i det han beder om delaktighet i deras samfund. *Bed för dina avlidna anhöriga och för alla arma själar: »Herre, giv dem den eviga vilan ...!»*

T r e d j e h u v u d d e l e n: k o m m u n i o n e n.

1. Som inledning till denna avdelning läses högt P a-t e r n o s t e r (Fader vår). *»Fader vår...»*

2. Prästen bryter den heliga Hostian, såsom också Kristus bröt brödet vid den sista nattvarden.

3. Så följa det tre gånger upprepade **A g n u s D e i** (Guds Lamm) *(Bed med!)* och stilla **förberedelse-böner** till den heliga kommunionen.

4. Efter det trefaldiga **D o m i n e n o n s u m d i g-n u s** (Herre, jag är icke värdig) mottager prästen kommunionen, först den heliga Hostian, därefter det heliga Blodet. *Bed även du ödmjukt och för-tröstansfullt: »Herre, jag är icke värdig...» Om du icke kommunicerar, så uppväck en innerlig läng-tan att få förena dig med Jesus i kärlekens Sakra-ment: »Kristi själ, helga mig...»* (andlig kom-munion).

5. Efter kommunionen bäres boken åter över till hög-ra sidan och **t a c k s ä g e l s e b ö n e r** läsas.

6. Därefter utdelar prästen **v ä l s i g n e l s e n,** stå-ende mitt för altaret. (Detta sker icke i själamäs-sor.) *Gör andäktigt korstecknet och bed: »Välsigne mig Gud allsmäktig, Fadern, Sonen och den He-lige Ande!»*

7. Nu följer (på vänstra sidan) **s l u t e v a n g e l i e t.** Vanligen är det början av Johannesevangeliet: »I begynnelsen var Ordet ...» När prästen därvid lä-ser: »Och Ordet vart kött ...» gör han en knäböj-ning.

   »Jag får träda fram till Guds altare, till Gud, som är min glädje och min fröjd.» (Ps. 42:4.)

2. Den heliga kommunionen.

Man bevistar den heliga mässan på det bästa och mest fruktbringande sättet genom att mottaga den heliga kommunionen. Ordet kommunion betyder »gemenskapens förening» (= allas förenande med Kristus) och härleder sig från den första kristna tiden, då vid varje mässa alla närvarande mottogo den heliga kommunionen. De troende, som bevista den heliga mässan utan att mottaga den heliga kommunionen, borde åtminstone kommunicera andligen. Den andliga kommunionen är uppväckandet av en innerlig och allvarlig längtan efter förening med Kristus.

223. Vad mottaga vi i den heliga kommunionen?

I den heliga kommunionen mottaga vi Jesu Kristi Lekamen och Blod till våra själars näring.

Jesus Kristus är närvarande i det heliga Sakramentet så, som han lever i himmelen. Därför är han också under var och en av de båda gestalterna h e l o c h h å l l e n närvarande, med kött och blod, med kropp och själ, med mandom och gudom.

Under b r ö d e t s gestalt mottaga vi den levande Kristus, alltså även hans heliga Blod. — Kyrkan giver numera icke kalken åt de troende vid den heliga kommunionen, emedan det heliga Blodet lätt skulle kunna bortspillas och emedan många icke gärna dricka ur samma kalk som andra.

224. Vad verkar den heliga kommunionen?

Den heliga kommunionen förenar oss på det innerligaste med Kristus, all nåds källa.

Jesus säger: »*Den, som äter mitt kött och dricker mitt blod, han förbliver i mig och jag förbliver i honom.*» (Joh. 6:57.)

Särskilt har den heliga kommunionen följande verkningar:

1. den förökar den heliggörande nåden,
2. den försvagar de onda böjelserna och giver lust och kraft till det goda,
3. den renar från förlåtliga synder och bevarar för dödssynder.

Även k r o p p e n erhåller såsom lön för värdig kommunion en högre rätt till den ärorika uppståndelsen och till större salighet. *»Den, som äter mitt kött och dricker mitt blod, han har det eviga livet, och jag skall uppväcka honom på den yttersta dagen.»* (Joh. 6 : 55.)

225. Hur skola vi förbereda vår själ till den heliga kommunionen?

Vi skola före den heliga kommunionen

1. rena vår själ från synd,
2. uppväcka sann andakt.

1. Den, som begått en s v å r s y n d, måste först bikta. F ö r l å t l i g a s y n d e r kunna utplånas genom å n g e r.

2. För att uppväcka andakt i sitt hjärta må man överväga följande tre punkter:

a) V e m kommer till mig? Jesus, änglarnas Konung, min Herre och min Gud. — Uppväck t r o och t i l l b e d d i n F r ä l s a r e!

b) T i l l v e m kommer denne store Gud? Till en fattig människa, en syndare, som så ofta har förolämpat honom. — Uppväck ö d m j u k h e t och å n g e r!

c) V a r f ö r vill han komma? För att på det innerligaste förena sig med mig och överhopa mig med himmelska gåvor. — Uppväck h o p p, k ä r l e k och i n n e r l i g l ä n g t a n!

E f t e r m o t t a g a n d e t av den heliga kommunionen skola vi ännu en stund förbliva i stilla andakt, tänka på att Jesus är hos oss, tillbedja honom, tacka honom och bedja honom om nåd för oss och för andra.

Vi skola bemöda oss att helga h e l a k o m m u n i o n d a g e n genom trogen pliktuppfyllelse och andra goda gärningar. Vi skola (även föregående afton) undvika allt, som ej passar för en sådan nådedag.

Den, som, medveten om att han befinner sig i d ö d s s y n d e n s tillstånd, mottager vår Herres Lekamen, han kommunicerar o v ä r d i g t. Genom f ö r l å t l i g a synder blir kommunionen icke ovärdig, men mindre nåderik.

226. Vad säger aposteln Paulus om den ovärdiga kommunionen?

»**Den, som ovärdigt äter detta bröd eller dricker Herrens kalk, han försyndar sig på Herrens lekamen och blod... han äter och dricker en dom över sig, emedan han icke gör åtskillnad mellan Herrens lekamen och annan spis.**» (1 Kor. 11: 27—29.)

227. Vem får kommunicera dagligen?

Den får kommunicera dagligen som är i nådens tillstånd och åstundar den heliga kommunionen i from avsikt.

228. Hur skola vi lekamligen förbereda oss till den heliga kommunionen?

Vi skola vid den heliga kommunionen vara fastande samt anständigt klädda.

Fastande är den, som icke har ätit eller druckit något efter midnatt. — Sjuka, som äro i livsfara och mottaga den heliga kommunionen såsom vägkost (för den sista färden), behöva icke vara fastande. Vid ihållande livsfara kan den heliga kommunionen även få mottagas flera gånger såsom vägkost. Andra, vilka redan legat sjuka en månad och antagligen icke komma att tillfriskna så snart, kunna av biktfadern erhålla tillåtelse att en eller två gånger i veckan intaga medicin eller flytande föda före den heliga kommunionen.

Utdelandet av den heliga

kommunionen.

Mässtjänaren beder i kommunikanternas ställe den allmänna syndabekännelsen (Confiteor). Sedan vänder sig prästen till församlingen och säger: »Må den allsmäktige Guden förbarma sig över eder, han förlåte eder edra synder och före eder till det eviga livet!» Mässtjänaren svarar: »Amen». Därefter fortsätter prästen: »Tillgift, avlösning och förlåtelse för edra synder give eder den allsmäktige och barmhärtige Guden!» Mässtjänaren: »Amen». Härpå tager prästen ciboriet och upplyfter en helig Hostia med orden:

»Se, Guds Lamm, som borttager världens synder!»
Därefter säger han trenne gånger: »Herre, jag är icke
värdig, att du ingår under mitt tak; men säg blott ett
ord, så blir min själ helbrägda». I det han räcker den
heliga Hostian, säger han till var och en: »Vår Herres
Jesu Kristi Lekamen bevare din själ till det eviga
livet!»

Man går fram till kommunionbänken (och återvän-
der sedan från densamma) med största vördnad, med
sammanknäppta händer och sänkt blick. Vid motta-
gandet av den heliga kommunionen knäböjer man vid
kommunionbänken, håller kommunionduken (eller pa-
tenan) framför sig under hakan, lyfter huvudet, hål-
ler det lugnt något bakåtlutat, *utan att dock se upp*,
öppnar munnen och lägger tungan fram på underläp-
pen. Man skall noga akta sig för alla hastiga, onödiga
rörelser. *Ju enklare och naturligare, dess bättre.*
(Skulle den heliga Hostian fastna vid gommen, så att
den icke kan sväljas, må man endast lösgöra den med
tungan, icke med fingrarna.)

3. Frälsaren i tabernaklet.

Jesus Kristus, som lever förklarad i himmelen,
bor i Altarets heliga sakrament mitt ibland oss.

Denna hemlighet innebär ett ofattbart **under:**
s a m m e Jesus, som är i himmelen, bor i tabernaklet
(Guds tält). Jesus bor **s a m t i d i g t** i många tusen
tabernakel.

Det är för oss en **s t o r n å d** och en **o s k a t t-
b a r l y c k a**, att Frälsaren bor ibland oss.

229. Vad äro vi skyldiga Kristus i Altarets heliga
sakrament?

Vi skola

**1. gärna besöka Frälsaren i det heliga Sakramen-
tet för att tillbedja honom, tacka honom eller
åkalla honom,**

2. alltid uppföra oss värdigt i hans hus.

Det heliga Sakramentet förvaras i den övertäckta
kalken (**c i b o r i u m**), som står i tabernaklet. Vid
högtidliga välsignelseandakter utställes det i **m o n s-
t r a n s e n**. Det **e v i g a l j u s e t** framför tabernak-

let säger till oss: Här bor Jesus, världens ljus; hans hjärta brinner av kärlek till oss.

Det heliga Sakramentet kallas även det Allraheligaste, Kristi Lekamen, den heliga Hostian (offergåva), Eukaristien (ett grekiskt ord ur Pauli brev).

Till ära av Altarets heligaste sakrament hava instiftats Kristi Lekamens fest, Jesu Hjärtas fest, Jesu Hjärta-fredagen (varje första fredag i månaden), den »Eviga tillbedjan» och många eukaristiska brödraskap t. ex. Heliga Lekamens gille.

»Min lust är att bo bland människors barn.» (Ords. 8: 31.)

Botens sakrament.

Botsakramentet är syndaförlåtelsens sakrament. Emedan vi därvid måste bekänna våra synder, kallas det även **bikten.**

Bot är straff för begången orätt; även ett straff, som vi ålägga oss själva, kallas bot.

I botens sakrament vända vi oss bort från de begångna synderna och åter till Gud. Vi bekänna våra synder och underkasta oss botövningar. Därför förlåter oss Gud genom prästen vår skuld.

230. Med vilka ord har Jesus instiftat botsakramentet?

Jesus sade till apostlarna: »Mottagen den Helige Ande! Vilka I förlåten synderna, dem äro de förlåtna, och vilka I behållen dem, dem äro de behållna.» (Joh. 20: 22, 23.)

Fullmakten att förlåta synder har från apostlarna övergått till deras efterträdare i **prästämbetet.**

231. På vad sätt meddelas botsakramentet av prästen?

Sedan biktbarnet ångrat och bekänt sina synder, giver prästen avlösning med orden: »Jag löser dig från dina synder i Faderns och Sonens och den Helige Andes namn. Amen.»

Avlösningen kallas absolution.

232. Vad verkar botsakramentet?

1. Botsakramentet utplånar synderna och de eviga syndastraffen;
2. det skänker eller förökar den heliggörande nåden och giver oss hjälpande nåd till kamp mot synden.

1. Alla synder, som blivit begångna efter dopet, kunna förlåtas genom botens sakrament. Ingen synd är så stor, att den icke efter uppriktig ånger kan förlåtas. — Timliga syndastraff äro sådana, som blott vara en tid (på jorden eller i skärselden). Åtminstone en del av de timliga syndastraffen utplånas även genom bikten.
2. Samtidigt med den heliggörande nåden återskänkas även alla förtjänster, som genom den svåra synden gått förlorade (fråga nr 186).

233. Vem måste mottaga botsakramentet?

Botsakramentet måste var och en mottaga, som efter dopet har begått en svår synd.

(Jfr Kyrkans fjärde bud.)

En synd, som redan är giltigt biktad, behöver icke ånyo biktas.

234. Vilka fem stycken höra till botsakramentets mottagande?

Till botsakramentets mottagande höra följande fem stycken: 1. samvetsrannsakan, 2. ånger, 3. god föresats, 4. bikt eller syndabekännelse, 5. bot eller tillfyllestgörelse.

För att vi må vara i stånd att riktigt och värdigt utföra allt detta, skola vi först andäktigt anropa den Helige Ande.

1. Samvetsrannsakan.

235. På vad sätt rannsaka vi vårt samvete?

Vi tänka efter, huru vi syndat mot Gud och Kyrkans bud i tankar och ord, i gärningar och uraktlåtelser.

Vid svåra synder måste man också rannsaka sig angående a n t a l e t gånger och v i k t i g a o m s t ä n d i g h e t e r.

V i k t i g a o m s t ä n d i g h e t e r äro sådana, som göra synden mycket större. Dit höra framför allt: 1. omständigheter, som göra en synd till en dödssynd (t. ex. s t o r stöld, b e t y d a n d e skada), 2. omständigheter, som väsentligt förändra en synds art, emedan även ett annat bud överträdes (t. ex. stöld av k y r k o g o d s, misshandel av f ö r ä l d r a r).

Samvetsrannsakan skall icke ske lättvindigt, men ej heller ängsligt. Den blir lättare, om man varje kväll rannsakar sitt samvete och ofta biktar.

2. Ånger.

236. Vad är det allra nödvändigaste vid botsakramentets mottagande?

Det allra nödvändigaste vid botsakramentets mottagande är ångern.

Den, som har ånger, gör det uppriktigt ont, att han begått synden; han önskar: »Hade jag blott icke gjort detta!»

En bikt utan sann ånger är ogiltig.

Man skiljer mellan en ofullkomlig och en fullkomlig ånger. Även den ofullkomliga ångern är Gud behaglig; den är tillräcklig för det heliga botsakramentets mottagande.

237. När är vår ånger ofullkomlig?

Vår ånger är ofullkomlig, när synden gör oss ont för straffets skull, som vi av Gud hava förtjänat. (Av kärlek till oss själva.)

Genom synden ådraga vi oss skärseldens eller helvetets s t r a f f (förlust av den heliggörande nåden och av våra förtjänster för himmelen).

Den, som ångrar synden endast för en t i m l i g skadas skull (skam, straff av föräldrar, sjukdom o. dyl.), honom hjälper en sådan timlig eller naturlig ånger icke till att få syndernas förlåtelse.

238. När är vår ånger fullkomlig?

Vår ånger är fullkomlig, när vi av kärlek till Gud ångra våra synder.

Av kärlek till Gud kunna vi ångra vår synd, om vi betänka, att Jesus har utstått så mycket lidande för våra synder, att Gud för sina välgärningar i stället för tack fått så mycken otack av oss, att vi förolämpat Guds oändliga majestät.

239. Vilken kraft har den fullkomliga ångern?

Den fullkomliga ångern har kraft att genast utplåna alla svåra synder.

Dock är man förpliktad att bikta även de svåra synder, som genom fullkomlig ånger blivit utplånade, emedan Kristus har förordnat, att alla svåra synder skola underställas botens domstol.

Det är gott att ofta uppväcka den fullkomliga ångern, t. ex. på kvällen, innan man går till vila, men framför allt skall man uppväcka den i dödsfara och så ofta man råkat falla i dödssynd. Hjälp även andra att uppväcka fullkomlig ånger, om dödsfara föreligger och ingen präst är till hands!

240. Vilka synder måste vi ångra, för att bikten skall vara giltig?

För att bikten skall vara giltig, måste vi åtminstone ångra alla dödssynder.

Om någon blott har förlåtliga synder att bikta, är en verklig ånger naturligtvis även då nödvändig för att få förlåtelse.

Ångern måste vara väckt före bikten eller åtminstone före avlösningen.

Den, som blott med munnen uttalar ångerbönen, utan att den är allvarligt menad, han har ingen sann och god ånger.

Med en verklig ånger måste hoppet om förlåtelse och den goda föresatsen vara förbundna.

Den, som har syndat, får icke förtvivla om Guds barmhärtighet, ty Gud stöter ingen ångerfull syndare ifrån sig. *»Så sant jag lever, säger Herren Gud, jag vill icke syndarens död, utan fastmer, att han vänder om från sin väg och får leva.»* (Hes. 33:11.) Ex. Judas hade ånger, men en ånger utan hopp.

»Ett ödmjukt och förkrossat hjärta skall du, Gud, icke försmå.» (Ps. 50:19.)

3. Den goda föresatsen.

Den, som uppriktigt säger: »Hade jag blott icke gjort detta!», han måste också tänka: »Jag skall aldrig mer göra så.» Han **föresätter** sig allvarligt: »Jag vill bättra mig och icke mera begå dessa synder.»

241. Vilken god föresats måste syndaren hava vid botsakramentets mottagande?

Syndaren måste åtminstone hava den allvarliga viljan
1. **att undvika alla svåra synder och närmaste tillfälle därtill,**
2. **att använda de nödvändiga medlen till bättring,**
3. **att åter gottgöra tillfogad större skada.**

Med **närmaste tillfälle** förstås allt, varigenom man högst sannolikt skulle förledas till svår synd, t. ex. en person, ett sällskap, en lek, en bok. *»Den, som gärna giver sig i fara, han förgås däri.»* (Syr. 3:27.)

Den, som **icke vill** undvika de svåra synderna eller det frivilliga närmaste tillfället därtill, han har icke någon sann ånger; hans bikt är ogiltig, och avlösningen kan icke gagna honom. *»Jag vill stå upp och gå till min fader.»* (Luk. 15:18.)

4. Syndabekännelsen.

Syndabekännelsen kallas också bikten. Härav har hela botsakramentet även fått namnet »bikten».

242. Varför måste vi bikta våra synder?

Vi måste bikta våra synder, emedan Kristus har förordnat det vid instiftandet av botens sakrament.

Jesus har sagt: »*Vilka I förlåten synderna, dem äro de förlåtna, och vilka I behållen dem, dem äro de behållna*». (Joh. 20:23.) För att nu prästen må kunna veta, om han skall f ö r l å t a synderna eller b e h å l l a dem, måste syndaren bikta sina synder.

Bikten är lika gammal som Kyrkan.

243. Vad måste vi bikta?

Vi måste bikta åtminstone alla d ö d s s y n d e r och därvid angiva a n t a l och v i k t i g a o m s t ä n d i g h e t e r.

Att bikta de förlåtliga synderna är visserligen icke nödvändigt, men det är gott och gagneligt.

Vid s v å r a synder skall man angiva a n t a l e t så noga man kan. Därför måste man tänka efter detta vid sin samvetsrannsakan. Den, som vet antalet, måste också noga angiva det.

Vid angivandet av v i k t i g a o m s t ä n d i g h e t e r skall man icke överskyla något, icke namngiva någon, icke berätta onödiga bisaker samt uttrycka sig anständigt och vårdat.

Den, som vid bikten m e d a v s i k t utelämnar något viktigt, biktar ogiltigt; han förblir i sina synder och begår dessutom ytterligare en svår synd, nämligen vanhelgande av ett heligt sakrament.

244. Hur skola vi bikta?

Vi skola bikta t y d l i g t och u p p r i k t i g t.

Vi bikta t y d l i g t, om vi anklaga oss så, att biktfadern riktigt kan förstå allt.

Vi bikta u p p r i k t i g t, om vi anklaga oss så, som vi känna oss skyldiga inför Gud, utan att dölja eller överskyla någonting.

Icke sällan kommer frestelsen: »Detta kan du icke bikta; du måste ju blygas att bekänna något sådant». — Vi skola blygas att begå synden, men vi få icke blygas att uppriktigt bikta den.

9.

114

*»Det finnes en blygsel, som drager synd med sig,
... blygs icke för att bekänna dina synder.»* (Syr. 4:
25, 31.)

245. För vilken fara utsätter sig den, som i viktiga
saker icke biktar uppriktigt?

**Den, som i viktiga saker icke biktar uppriktigt,
löper fara att leva orolig, dö olycksalig och på yt-
tersta dagen stå med skammen inför hela världen.**

Det är väl dåraktigt, att icke genast vid nästa
bikt säga, vad som dock en gång måste biktas, om man
icke vill gå evigt förlorad!

Biktfadern menar väl med alla biktbarn och vill
gärna hjälpa dem. Men den biktande måste vara upp-
riktig, annars kan biktfadern icke hjälpa honom.
B i k t f a d e r n f å r i c k e f ö r n å g o n y p p a
n å g o t a v d e t, h a n h ö r t u n d e r b i k t.
H a n ä r f ö r p l i k t a d a t t h e l l r e l i d a
d ö d e n ä n a t t u p p e n b a r a d e t m i n s t a
a v e n b i k t (b i k t h e m l i g h e t). — Den, som
händelsevis hört något av en annans bikt, är likaledes
på det strängaste förpliktad att tiga därmed.

246. Vad har den att göra, som i bikten utan egen
skuld har utelämnat något viktigt?

**Den, som i bikten utan egen skuld har uteläm-
nat något viktigt, behöver endast säga det vid
nästa bikt.**

Detsamma gäller, om någon av upprördhet o a v-
s i k t l i g t har svarat felaktigt och först efter bikten
blir medveten därom.

247. Vad har den att göra, som av egen svår skuld
har biktat ogiltigt?

**Den, som av egen svår skuld har biktat ogil-
tigt, måste avlägga en ny bikt, i vilken alla döds-
synder sedan den sista giltiga bikten skola upp-
givas.**

Även antalet ogiltiga bikter och ovärdiga kommu-
nioner måste därvid angivas.

En bikt, i vilken f l e r a bikter upprepas, kallas
g e n e r a l b i k t (allmän bikt). L e v n a d s b i k t
är ett upprepande av alla bikter under hela livet.

Av egen svår skuld kan en bikt även vara ogiltig, om någon har gjort sin samvetsrannsakan mycket vårdslöst och därför icke biktat en svår synd, ävenså, om någon icke haft sann ånger eller allvarlig föresats. I dessa fall är en ny bikt likaledes nödvändig.

Man kan också frivilligt avlägga en generalbikt. Detta anbefalles vid inträdande i ett nytt levnadsstånd (t. ex. äktenskapet), vid en mission, vid exercitier eller under farlig sjukdom.

»Den, som fördöljer sina överträdelser, honom går det icke väl; men den, som bekänner och övergiver dem, han får barmhärtighet.» (Ords. 28:13.)

5. Tillfyllestgörelsen.

248. Varför måste vi efter syndaförlåtelsen än ytterligare göra bot (tillfyllestgöra)?

Vi måste göra bot, emedan med syndaförlåtelsen
1. alla straff icke alltid efterlåtas,
2. icke all genom synden tillfogad skada är gottgjord.

249. På vad sätt skola vi tillfyllestgöra?

Vi skola tillfyllestgöra genom att
1. förrätta den ålagda boten,
2. efter förmåga gottgöra den anstiftade skadan.

1. Det anbefalles att även foga frivilliga botgärningar till den ålagda boten (t. ex. att med ödmjukt sinne bära våra mödor och svårigheter, giva allmosor eller göra någon annan god gärning).

Den, som av glömska uraktlåter boten, har icke biktat ogiltigt, men den, som lättsinnigt uppskjuter och därför sedan försummar den, kan därigenom begå en ny synd.

2. (Om skada å nästans själ, se fråga nr 147, å främmande egendom, se fråga nr 156, å nästans heder och ära, se fråga nr 159.) Den, som hyst fiendskap, måste icke blott förlåta i hjärtat, utan även söka försoning.

Synden tillfogar även o s s s j ä l v a skada. Den gör de onda böjelserna inom oss starkare. Detta motverka vi bäst genom självförnekelse och botövning.

Framför allt är det viktigt, att v i u t f ö r a d e n g o d a f ö r e s a t s e n och a n v ä n d a d e n ö d v ä n d i g a m e d l e n till att bättra oss.

»Gå, och synda icke mera!» (Joh. 8:11.)

Biktens förlopp.

När man gjort sin samvetsrannsakan samt uppväckt ånger och föresats, går man in i biktstolen och knäböjer.

1. Prästen giver *välsignelsen* åt biktbarnet, som därvid gör *korstecknet*.
2. Biktbarnet börjar med orden: »Jag fattig, syndig människa, bekänner inför Gud, den Allsmäktige, och inför Eder, min fader, i Guds ställe, att jag sedan min senaste bikt begått följande synder. Min senaste bikt skedde för ... sedan.» Här följer den tydliga och uppriktiga *syndabekännelsen.*

   Till slut säger biktbarnet: »Dessa och alla mina synder, som jag någonsin begått, ångrar jag av hela mitt hjärta, jag föresätter mig att aldrig mera synda och beder om en hälsosam bot och den prästerliga avlösningen».
3. Nu lyssnar biktbarnet till vad prästen har att säga och *vilken bot* han ålägger. Om han *frågar* något, så tänker den biktande först efter ett ögonblick och svarar sedan uppriktigt och enkelt.
4. Sedan giver prästen a b s o l u t i o n e n med orden: »*Ego te absolvo a peccatis tuis, in nomine Patris, et Filii † et Spiritus Sancti. Amen.*» (»Jag löser dig från dina synder i Faderns och Sonens † och den Helige Andes namn. Amen.») När prästen gör *korstecknet,* skall biktbarnet även göra det. *Till slut* säger prästen: »Lovad vare Jesus Kristus», och man svarar: »I all evighet. Amen.»
5. Härpå *lämnar* biktbarnet biktstolen, läser bönerna efter bikten och fullgör den ålagda boten.

   »Gud, var mig nådig efter din godhet, utplåna mina överträdelser efter din stora barmhärtighet!» (Ps. 50:3.)

Avlaten.

Kyrkan hjälper oss vid tillfyllestgörelsen för våra synder genom a v l a t e n. Med avlat förstå vi efterskänkandet av timliga syndastraff u t a nf ö r botsakramentet. Kyrkan förvaltar den stora skatten av Kristi och helgonens förtjänster. Det är ur denna hon öser, när hon skänker oss avlat och utplånar våra syndastraff hos Gud.

Lägg noga märke till skillnaden mellan s y n d askuld och s y n d a s t r a f f!

250. Vad efterskänkes genom avlaten?

Genom avlaten efterskänkas inga synder, utan blott de timliga straffen för begångna synder, och det endast om synden redan är ångrad och förlåten.

1. Felaktig är den meningen att avlaten skulle vara detsamma som s y n d e r n a s förlåtelse.
2. Det är förtal, att Kyrkan skulle s ä l j a avlat för penningar eller förlåta t. o. m. ännu icke begångna synder.

Avlaten är f u l l s t ä n d i g, när alla timliga syndastraff efterskänkas. Den är o f u l l s t ä n d i g, när endast en del av straffen efterskänkas.

Fullständig avlat är t. ex. Portiuncula-avlaten, jubileumsavlaten, dödsavlaten.

Uttryck såsom »1 års avlat, 100 dagars avlat, 40 dagars avlat» misstolkas ofta. »100 dagars avlat» betyder i c k e avlat för alla synder, som man begått eller kommer att begå under loppet av 100 dagar, ej heller betyder det befrielse från 100 dagar i skärselden, utan det betyder en sådan tillgift av syndastraff, som man fordom skulle ha förvärvat sig genom kyrkobot under 100 dagar.

Nästan varje avlat kan förbönsvis komma de arma själarna i skärselden till godo.

251. Vad fordras för att vinna avlat?

För att vinna avlat, måste vi vara i nådens tillstånd och noga förrätta de föreskrivna goda gärningarna.

9*

Den, som biktar var fjortonde dag, kan under hela denna tid vinna varje fullständig avlat, för vilken bikt är uttryckligen föreskriven. — Fatta vid morgonbönen det uppsåtet att vinna all den avlat, som är förbunden med dina fromma övningar! Korta avlatsböner äro t. ex. »Ära vare Fadern...» (100 dagars avlat), »Jesu Hjärta, på dig förtröstar jag.» (300 dagars avlat), »Min Jesus, barmhärtighet!» (100 dagars avlat).

Sista smörjelsen.

252. Vad lär aposteln Jakob om den sista smörjelsen?

Aposteln Jakob skriver: »Är någon bland eder sjuk, må han då kalla till sig Kyrkans präster; dessa må bedja över honom och smörja honom med olja i Herrens namn. Och trons bön skall hjälpa den sjuke, och Herren skall styrka honom, och om han har synder, skola de förlåtas honom.» (Jak. 5: 14, 15.)

Detta kunde den helige aposteln lära, blott emedan Jesus hade instiftat den sista smörjelsen.

253. På vad sätt meddelar prästen den sista smörjelsen?

Prästen smörjer den sjukes fem sinnesorgan med helig olja, i det han säger: »Genom denna heliga smörjelse och genom sin milda barmhärtighet förlåte dig Herren, vad du har syndat med synen (hörseln o. s. v.)! Amen.»

Den heliga oljan viges av biskopen på skärtorsdagen.

Kristus har instiftat den sista smörjelsen till själens och kroppens välfärd.

254. Vad verkar den sista smörjelsen till själens välfärd?

Den sista smörjelsen
1. utplånar synderna och syndastraffen;
2. förökar den heliggörande nåden;
3. styrker i lidandet och i dödskampen.

Dödssynder förlåtas genom den sista smörjelsen, blott när den sjuke har ångrat dem, men icke längre förmår bikta.

255. Vad verkar den sista smörjelsen till kroppens välfärd?

Den sista smörjelsen skänker ofta den sjuke lindring i sjukdomen och t. o. m. hälsan, om det är gagneligt för hans själ.

Varje katolsk kristen, som har kommit till förnuftets bruk och är farligt sjuk, kan och bör mottaga den sista smörjelsen.

256. När skall prästen kallas till en sjuk?

Prästen skall kallas i tid, så att den sjuke kan mottaga den heliga smörjelsen om möjligt ännu vid full sans.

Det är dåraktigt att vilja uppskjuta mottagandet till dödsstunden. Den heliga smörjelsen är nämligen instiftad icke blott för att styrka den sjuke i dödskampen, utan även för att han skall få kraft att tåligt bära sin sjukdom eller bliva frisk. — De anhöriga kunna försynda sig svårt, om den sjuke genom deras förvållande icke får de heliga sakramenten i tid eller t. o. m. dör utan den sista smörjelsen.

257. Hur ofta kan den heliga smörjelsen mottagas?

Vid varje farlig sjukdom kan den heliga smörjelsen mottagas en gång. Dock kan den under samma sjukdom upprepas, om dödsfaran gått över, men åter inställer sig.

Meddelandet av de heliga sakramenten i hemmet.

Vid varje sjukkommunion gör man i hemmet i ordning ett bord med en vit duk. På detta ställes ett krucifix mellan tvenne ljus; dessa tändas, innan prästen inträder. Vidare ställes dit ett vigvattenskärl och ett litet glas med vanligt vatten. Skall även den heliga smörjelsen meddelas, ställer man dessutom på bordet en assiett med något vadd och salt för prästen att därmed befria sina händer från den heliga oljan. (Vadden och saltet skola efteråt brännas.) Man har även tvättvatten och en ren handduk i beredskap.

1. I det prästen träder in i rummet uttalar han f r i d s h ä l s n i n g e n. Sedan beder han om Guds välsignelse över hemmet och utdelar flera gånger v ä l s i g n e l s e n.

2. Härpå giver han den heliga kommunionen åt den sjuke med orden: »Mottag såsom vägkost vår Herre Jesus Kristus, som bevare dig för den onde fien- den och före dig till det eviga livet. Amen.»

3. Efter det prästen anropat änglarna och helgonen för den sjuke, följer den heliga smörjelsen (fråga nr 253).

4. Därefter beder prästen en bön, att Gud måtte be- fria den sjuke från hans s m ä r t o r till kropp och själ och åter förläna honom h ä l s a n.

5. Vanligen mottager den sjuke sedan också den påv- liga välsignelsen, som innebär en fullkomlig avlat för dödsstunden.

»Vaken fördenskull, ty I veten icke dagen ej heller stunden!» (Matt. 25:13.)

Prästvigningen.

Inom Kyrkan finnas präster och lekmän. De präs- terliga fullmakter, som av Kristus överlämnats åt apostlarna, fortleva i Kyrkan genom prästvigningens sakrament.

258. Vad säger den Heliga Skrift om prästvigningen?

Den Heliga Skrift säger,

1. **att Jesus Kristus har förlänat sina apostlar prästerlig makt och nåd,**
2. **att apostlarna i sin tur meddelat denna makt och nåd åt andra.**

1. Vid den sista nattvarden förlänade Jesus apostlar- na makten att frambära det heliga Mässoffret; på

sin uppståndelses dag gav han dem makten att förlåta synder. Vid andra tillfällen gav han dem fullmakt att meddela även de övriga sakramenten, att viga och att välsigna.

2. Aposteln Paulus skriver till biskop Timoteus: »*Jag förmanar dig, att du må uppliva den Guds nådegåva, som är i dig genom mina händers påläggning.*» (2 Tim. 1: 6.)

259. Vad verkar prästvigningen?

Prästvigningen förlänar prästerlig makt samt nåd till ett prästerligt liv.

260. Vilken makt har prästen?

Prästen har makten

1. att frambära det heliga Mässoffret,
2. att meddela sakrament,
3. att viga och att välsigna.

Den, som genom prästvigningen en gång mottagit denna makt, kan aldrig förlora den.

Prästen får dock endast utöva sin makt, när han har erhållit s ä n d n i n g e n genom den rättmätiga andliga överheten.

Världsliga myndigheter och kyrkoförsamlingar kunna icke giva andlig makt, emedan de själva icke äga någon.

Vi skola ofta bedja om goda präster. Det är en stor nåd för en familj, om Gud kallar en av dess söner till präst.

Meddelandet av prästvigningen.

De förberedande stegen till den prästerliga värdigheten äro de fyra lägre och de två högre vigningarna (subdiakon, diakon). Endast en biskop kan meddela prästvigningen.

Vid p r ä s t v i g n i n g e n lägger biskopen h ä n d e r n a på dem, som skola vigas, och b e d e r ö v e r dem; därefter ikläder han dem stola och mässkrud, smörjer deras händer med helig olja och räcker dem patenan med hostian och en kalk med vin. Slutligen m e d d e l a r han dem makten att **förlåta synder.**

Biskopsvigningen fogar till prästvigningen ny makt och nåd.

»Frukta Herren av all din själ och håll hans präster i ära!» (Syr. 7:31.)

Äktenskapets sakrament.

Gud har i paradiset själv stiftat äktenskapet. Äktenskapet var i gamla testamentet ännu icke något sakrament, det var blott ett heligt förbund mellan man och kvinna.

261. Till vilken värdighet har Jesus upphöjt äktenskapet?

Jesus har upphöjt äktenskapet till ett sakrament.

Det kristna äktenskapet är heligt, det är en avbild av Kristi nåderika förening med sin brud, den heliga Kyrkan. (Ef. 5:32.)

Äktenskapets sakrament (giftermålet) skall mottagas i den heliggörande nådens tillstånd.

262. På vad sätt inträder man i det kristna äktenskapet?

Brudparet förklarar inför församlingens själasörjare och tvenne vittnen, att de taga varandra till äkta, varefter prästen välsignar deras förbund.

Om en katolik avgiver äktenskapsförklaringen endast inför en världslig ämbetsman (civiläktenskap), så är hans äktenskap ogiltigt inför Gud och hans äktenskapliga samliv en svår synd.

263. Vad verkar äktenskapets sakrament?

Äktenskapets sakrament förenar man och hustru till ett oupplösligt livsförbund och förlänar riklig nåd att troget uppfylla detta förbunds plikter.

»Vad Gud har sammanfogat, det må människan icke åtskilja.» (Matt. 19:6.)

264. Vad säger Jesus om äktenskapets upplösande?

Jesus säger: »**Var och en, som skiljer sig från sin hustru och tager sig en annan hustru, han begår äktenskapsbrott. Och den, som tager till hustru en kvinna, som är skild från sin man, han begår äktenskapsbrott.**» (Luk. 16: 18.)

Av viktiga skäl kan visserligen tillåtas att äkta makar leva åtskilda från varandra, men de **förbliva** fortfarande rättmätiga **äkta makar**, och ingendera kan ingå ett nytt äktenskap, så länge den andra maken lever.

Om den **världsliga domstolen** upplöser ett kristligt äktenskap och tillåter de skilda makarna att gifta sig på nytt, så har detta inför Gud och Kyrkan ingen giltighet.

265. Vilka äro äkta makars plikter?

Äkta makar skola
1. **alltid leva tillsammans i kärlek och trohet,**
2. **uppfostra sina barn för Gud och göra dem dugliga för livet.**

Äktenskapet blir desto lyckligare, ju renare förlovningstiden hålles.

Många unga människor förstöra sin senare livslycka genom att de **för tidigt** eller **lättsinnigt** lova varandra äktenskap och ohelga förlovningstiden genom **svåra synder.**

Kyrkan har av visa och goda skäl givit föreskrifter för äktenskapet. Några av dessa vila på gudomlig lag.

Det, som enligt kyrkolagen hindrar äktenskaps ingående, kallas **äktenskapshinder.**

266. Vilka äktenskapshinder finnas?

Det finns äktenskapshinder, som göra giftermålet otillåtet, och sådana, som göra det ogiltigt.

Otillåtet är giftermålet t. ex. på grund av olikhet i kristen bekännelse.

Ogiltigt är giftermålet t. ex. mellan nära anförvanter, mellan katoliker och odöpta (hedningar och judar).

Det äkta förbundet måste slutas inför den katolske prästen, annars är det ogiltigt. Den, som låter viga sig av en icke-katolsk religionstjänare eller låter sina barn uppfostras i vantro, träffas dessutom av Kyrkans bann. — Från några äktenskapshinder kan Kyrkan emellertid av viktiga skäl giva dispens.

Blandade äktenskap äro äktenskap mellan katolska och icke-katolska kristna.

267. Av vad skäl förbjuder Kyrkan blandade äktenskap?

Kyrkan förbjuder blandade äktenskap, emedan de oftast äro till stor olycka för makarna och för deras barn.

Makarna i dessa äktenskap äro **oeniga** i en så väsentlig sak som religionen. Den katolska parten råkar i **stor fara** att förlora sin tro eller att bliva likgiltig därför. Annorledes troende mena ofta, att man kan upplösa äktenskapet och ingå ett nytt.

Barnen i ett blandat äktenskap få blott sällan en verkligt katolsk uppfostran och förfalla ofta till likgiltighet, vantro eller otro.

Om Kyrkan giver dispens till ett blandat äktenskap, måste brudparet först heligt lova att låta viga sig katolskt och att alla deras barn skola uppfostras katolskt.

Vigselns förlopp.

1. Kyrkan önskar, att vigseln må ske **i samband med den heliga mässan.** Brudparet träder fram till altaret före den heliga mässan. Prästen frågar först brudgummen och därefter bruden, om de vilja **taga varandra till äkta.** Dessa förklara inför prästen, att de taga varandra till äkta, och **därigenom** sluta de det äkta förbundet.
2. Ceremonierna äro icke lika i alla länder och trakter.
3. Vid brudmässan giver prästen efter Pater noster den **högtidliga bröllopsvälsignelsen.** Vid den heliga mässans slut nedkallar prästen, innan han välsignar menigheten, ännu en gång Guds beskydd över brudparet.

Den kristna familjens vackraste förebild är hemmet i Nasaret. Fader, moder och barn se där sitt strålande föredöme.

Sakramentalierna.

Det finnes i Kyrkan saker och handlingar, vilka likna sakramenten (t. ex. en kyrkoinvigning). Dessa kallas sakramentalier.

De skilja sig emellertid väsentligt från sakramenten. Sakramenten äro instiftade av Jesus, sakramentalierna av Kyrkan; sakramenten meddela heliggörande och hjälpande nåd, sakramentalierna endast hjälpande nåd; sakramenten verka genom den av Gud åt dem förlänade kraften, sakramentalierna genom Kyrkans förbön och välsignelse.

De viktigaste sakramentalierna äro välsignelser och vigningar. Även en del vigda föremål (t. ex. vigvatten) kallas sakramentalier.

Vid välsignelser nedkallar Kyrkan Guds välsignelse över personer och föremål. Så välsignar Kyrkan församlingen vid gudstjänsten, sjuka, mödrar, pilgrimer o. s. v. Hon välsignar djuren och markens gröda. Hon välsignar föremål till dagligt bruk, för att de må bliva de troende till gagn, t. ex. hus, bilder, vin o. s. v.

Vid vigningar helgar Kyrkan personer och föremål för Guds tjänst. Särskilt heliga hållas de föremål, som blivit vigda med krisma: kyrkor, altaren, kalkar, klockor. — Vidare viger Kyrkan: kapell, kyrkogårdar, liturgiska kläder och föremål. — Under kyrkoårets lopp vigas: på kyndelmässodagen ljusen, på palmsöndagen palmerna, på påskaftonen elden, påskljuset och dopvattnet.

För de troendes bruk vigas rosenkransar (radband), kors, medaljer, skapular.

Vigvattnet (vigt vatten) användes, för att Gud må välsigna oss och bevara oss för allt ont till kropp och själ.

När Kyrkan viger eller välsignar, gör hon det med korsets heliga tecken.

Det heliga korstecknet har en stor kraft att driva bort den onde fienden och att meddela himmelens välsignelse över oss.

Även sådana, som icke äro präster, kunna välsigna med korstecknet.

Så välsigna föräldrar sina barn, och det är kristlig sed att göra korstecknet över en del föremål, t. ex. över ett nytt bröd, innan man börjar skära det. — Framför allt skola vi välsigna oss själva med korstecknet, i synnerhet på kvällen, innan vi gå till vila, och på morgonen vid uppstigandet. När vi taga vigvatten, kunna vi bedja: »Välsigne mig Gud allsmäktig, Fadern, Sonen och den Helige Ande!» eller, särskilt vid inträdet i Kyrkan: *»Två mig väl från min missgärning och rena mig från min synd!»* (Ps. 50:4.)

268. Vad beder Kyrkan vanligen om, när hon välsignar eller viger?

Kyrkan beder vid sina välsignelser och vigningar vanligen om välfärd för kropp och själ och om Guds skydd mot den onde fienden.

269. Hur skola vi bruka de vigda föremålen?

Vi skola bruka de vigda föremålen andäktigt, men icke vidskepligt, och behandla dem vördnadsfullt.

Ju frommare vi bruka de vigda föremålen, desto mer välsignelse bringa de oss. Vidskepligt brukar man sakramentalierna, om man av dem väntar sig någon bestämd, ofelbar verkan, i synnerhet i timliga ting.

Bönen.

Ett mycket viktigt nådemedel är även bönen.

270. Vad är att bedja?

Att bedja är att fromt tala med Gud (eller helgonen).

När vi bedja till Gud, kunna vi lova honom, tacka honom eller bedja honom om något. Därav namnen lovbön, tacksägelsebön och åkallelsebön.

En härlig lovbön är »Ära vare Fadern...» eller hymnen »Store Gud vi lova dig». — En vacker tacksägelsebön är prefationen i den heliga mässan. — Den förnämsta åkallelsebönen är Fader vår.

Vi kunna bedja med hjärtat allena (inre bön) eller med hjärta och mun tillika (muntlig bön); en bön endast med munnen kallas en läpparnas bön.

En art av inre bön är den betraktande bönen. Den består däri, att vi begrunda Jesu liv och lidande, de yttersta tingen eller någon annan trossanning, låta oss påverkas därav och väcka fromma och goda föresatser.

271. Varför måste vi bedja?
Vi måste bedja,
1. emedan Gud har befallt det,
2. emedan vi utan bön icke kunna få den erforderliga nåden att bliva saliga.

2. Kristus säger: »*Bedjen, och eder skall varda givet; söken, och I skolen finna; klappen, och för eder skall varda upplåtet!*» (Luk. 11:9.) Den, som vill få erforderlig nåd, måste alltid bedja.

Den helige Alfons av Liguori skriver: »Alla himmelens saliga hava blivit saliga genom bönen, alla fördömda hava gått förlorade, emedan de icke hava bedit».

272. Vad verkar bönen framför allt?
1. Bönen styrker emot det onda och giver kraft till det goda,
2. den giver tröst i lidande och hjälp i nöden,
3. den gör oss himmelskt sinnade och förvärvar oss uthållighetens nåd.

Särskild kraft har den gemensamma bönen. Frälsaren säger: »*Var två eller tre äro församlade i mitt namn, där är jag mitt ibland dem*». (Matt. 18:20.)

273. Hur skola vi bedja?

Vi skola bedja:

1. andäktigt, 2. ödmjukt och tillitsfullt, 3. undergivet och ihärdigt.

274. När bedja vi andäktigt?

Vi bedja andäktigt, när vi tänka på, inför vem vi bedja eller vad vi begära i vår bön.

Vi skola undvika allt, som u t i f r å n inverkar störande, och bekämpa o f r i v i l l i g tankspriddhet.

Om främmande tankar komma utan vår skuld och vi icke frivilligt fasthålla dem, då är bönen icke dålig. Om f r i v i l l i g t oandäktig bön gäller Guds klagan: *»Detta folk nalkas mig med sin mun och ärar mig med sina läppar, men låter sitt hjärta vara långt ifrån mig».* (Jes. 29:13.)

En vördnadsfull hållning vid bönen bidrager mycket till andakten.

275. När bedja vi ödmjukt?

Vi bedja ödmjukt, när vi betänka, hur ringa och ovärdiga vi äro inför Gud och hur mycket vi behöva Guds hjälp.

Ex. Publikanen i templet.

276. När bedja vi tillitsfullt?

Vi bedja tillitsfullt, när vi fast hoppas och förtrösta på, att Gud skall bönhöra oss.

Jesus har sagt: *»Sannerligen, sannerligen säger jag eder: Vad I bedjen Fadern om i mitt namn, det skall han giva eder».* (Joh. 16:23.)

»I Jesu namn» kan man icke bedja om något ont.

277. När bedja vi undergivet?

Vi bedja undergivet, när vi överlåta åt Gud, när och hur han vill bönhöra oss.

Ex. Jesus i Getsemane. Vi skola icke så mycket bedja om att Gud gör vår vilja, som att vi må göra Guds heliga vilja.

278. När bedja vi ihärdigt?

Vi bedja ihärdigt, när vi fortfara att bedja, även om Gud icke genast bönhör oss.

Ex. Den kananeiska kvinnan. Vännen, som bad om tre bröd.

Vi få icke alltid det, som vi bedja om, antingen emedan vi b e d j a i l l a eller emedan det, som vi bedja om, skulle s k a d a oss eller emedan vi icke bedja s å s o m G u d s b a r n.

Ofta blir vår bön endast s k e n b a r t utan bönhörelse. Den, som beder väl, blir a l l t i d bönhörd; antingen giver Gud honom, vad han begär, eller något, som är bättre.

279. När skola vi bedja?

Vi skola bedja ofta, i synnerhet

1. morgnar och kvällar, före och efter varje måltid,
2. när vi äro i kyrkan,
3. i frestelse, nöd och faror.

Aposteln Paulus manar oss: *»Bedjen oavlåtligen».* (1 Tess. 5:17.) Detta göra vi, när vi offra alla arbeten, lidanden och fröjder åt Gud (den goda meningen) samt ofta lyfta vårt hjärta och våra tankar till honom i en bönesuck.

Bönesuckar äro k o r t a b ö n e r, som man förrättar endast i hjärtat eller också muntligen, t. ex. »Min Gud och mitt allt!»; »Herre, förbarma dig!»; »Ske Guds vilja!»

O r i k t i g t är det att blott vilja bedja, när man känner sig »upplagd». Bönen är e n p l i k t mot Gud, mot oss själva och mot nästan, men en upphöjd och lyckliggörande plikt!

280. För vem skola vi bedja?

Vi skola bedja för alla människor, för levande och döda, vänner och ovänner, dock i synnerhet

för våra föräldrar, syskon, välgörare, för den andliga och världsliga överheten samt för syndarnes omvändelse.

Förbönen är den skönaste kärleksgåva. Även det fattigaste barn är genom sin bön rikt nog för att kunna bevisa andra mycket gott.

»Den, som kan konsten att rätt bedja, kan också konsten att rätt leva.» (Den helige Augustinus.)

Fader vår.

Den förträffligaste bönen är Fader vår eller Herrens bön.

Fader vår, som är i himmelen!
1. helgat varde ditt namn;
2. till oss komme ditt rike;
3. ske din vilja såsom i himmelen så ock på jorden!
4. Vårt dagliga bröd giv oss i dag,
5. och förlåt oss våra skulder, såsom ock vi förlåta dem oss skyldiga äro,
6. och inled oss icke i frestelse,
7. utan fräls oss ifrån ondo! Amen.

Fader vår kallas Herrens bön, emedan Kristus, vår Herre, har lärt oss den och befallt oss att bedja den.

281. Varför är Fader vår den förträffligaste bönen?

Fader vår är den förträffligaste bönen,

1. **emedan Jesus själv har lärt oss den och**
2. **emedan den innehåller allt, som är nödvändigt för tid och evighet.**

Den, som beder Fader vår väl, övar tillika de vackraste dygder: »Fader vår, som är i himmelen!» (tro), »Till oss komme ditt rike» (hopp), »Helgat varde ditt namn» (kärlek till Gud), »Ske din vilja såsom i himmelen så ock på jorden» (glad undergivenhet), »Förlåt oss våra skulder» (kristlig självkärlek), »såsom ock vi förlåta dem oss skyldiga äro» (kärlek till vår nästa). »Vårt dagliga bröd giv oss i dag» (förnöjsamhet och förtröstan på Gud), »Inled oss icke i frestelse» (trofasthet mot Gud), »Fräls oss ifrån ondo» (gudsfruktan).

282. Varav består Fader vår?

Fader vår består av en inledning och sju böner.

»Fader vår, som är i himmelen!» O, Gud, du som är vår Fader, med barnslig vördnad och tillförsikt träda vi fram inför dig och upplyfta våra hjärtan till dig.

»Helgat varde ditt namn!» Må ditt namn hållas heligt och icke vanäras! Må du bliva allt mer känd, älskad och ärad av alla människor!

»Till oss komme ditt rike!» Låt ditt rike komma och din Kyrka allt mer utbreda sig! (Guds rike omkring oss, Kyrkan.) Härska genom din nåd i våra hjärtan! (Guds rike inom oss, nåden.) Upptag oss alla i din himmel! (Guds rike över oss, himmelen.)

»Ske din vilja såsom i himmelen så ock på jorden!» Låt alla människor fullgöra din vilja så troget och fullkomligt som änglarna och helgonen i himmelen!

»Vårt dagliga bröd giv oss i dag!» Giv oss, vad vi för dagen behöva till själ och till kropp!

»Förlåt oss våra skulder, såsom ock vi förlåta dem oss skyldiga äro!» Förlåt oss, vad vi hava brutit, såsom vi förlåta dem, som hava brutit mot oss!

»Inled oss icke i frestelse!» Håll fjärran från oss alla farliga frestelser, eller ock giv oss riklig nåd till att stå dem emot!

»Fräls oss ifrån ondo!» Bevara oss för allt ont till kropp och själ, i synnerhet för synden och den eviga fördömelsen!

»Amen.» Ske alltså!

Hell dig Maria.

Hell dig, Maria, full av nåd! Herren är med dig, välsignad är du ibland kvinnor och välsignad är din livsfrukt, Jesus.

Heliga Maria, Guds Moder, bed för oss syndare nu och i vår dödsstund! Amen.

Denna bön består av två delar: en hyllningsbön och en åkallelsebön.

Hyllningsbönen härleder sig från ärkeängeln Gabriels och den heliga Elisabets hälsning till Maria.

Åkallelsebönen är tillfogad av Kyrkan.

283. Varför läsa vi efter Fader vår Ängelns hälsning?

Efter Fader vår läsa vi Ängelns hälsning, därför att Maria är vår moder och för att hon skall understödja vår bön hos Gud.

»Hell dig Maria!»

»Full av nåd.» — Hur mycken nåd har icke Gud givit dig från ditt livs begynnelse! Hur mycket har du icke själv förvärvat!

»Herren är med dig.» — Hur nära Gud står du icke! Du är ju Guds Sons moder, den himmelske Faderns utkorade dotter och den Helige Andes brud!

»Välsignad är du ibland kvinnor.» — Som ingen annan kvinna har du blivit prisad salig av alla släkten. Ingen annan är så värdig att prisas som du!

»Och välsignad är din livsfrukt, Jesus.» — Din Son är sann Gud, högtlovad i evighet!

»Heliga Maria, Guds Moder, bed för oss syndare...» — Hur mycket förmår icke du hos Gud! Hur mycken nåd behöva vi icke varje dag för att kunna leva välbehagligt för Gud! Tag oss i ditt beskydd framför allt i vår dödsstund, och hjälp oss genom din förbön!

Tre gånger låter Kyrkan oss så hälsa Guds Moder i Angelusbönen och ännu oftare i rosenkransen.

»Bedjen oavlåtligen!» (1 Tess. 5:17.)

Processioner, vallfärder och brödraskap.

284. Varför hålla vi processioner?

Vi hålla processioner för att även utanför Guds hus offentligt bekänna vår tro och gemensamt ära Gud genom lov-, tacksägelse- och åkallelsebön.

(Kristi Lekamens procession, böndagsprocession.)
Ex. Jesus själv tågade på palmsöndagen i högtidlig procession in i Jerusalem.

285. Varför anbefallas vallfärder av Kyrkan?
Vallfärder anbefallas av Kyrkan,

1. **emedan de äro ett urgammalt kristligt bruk,**
2. **emedan de medföra mycken välsignelse, när de ske på rätt sätt.**

1. Redan de första kristna vallfärdade ofta till de platser, som Jesus helgat genom sitt liv och sitt lidande, likaså till apostlarnas och martyrernas gravar.
2. Vallfärder bringa bönhörelse i allt slags nöd, skänka nåd och förtjänst såsom lön för vallfärdens mödor och uppoffringar, förnyad iver för den dagliga pliktuppfyllelsen.
På r ä t t s ä t t vallfärda vi endast, om vi hava en god avsikt, om vi icke därigenom försumma några viktiga plikter och om vi undvika allt otillbörligt. Det har behagat Gud, att på vissa helgade platser visa s ä r s k i l d nåd. Dessa platser kallas därför n å d e o r t e r.

286. Varför anbefallas brödraskapen av Kyrkan?
Brödraskapen anbefallas av Kyrkan, emedan de sporra oss till att bedja, öva goda gärningar och oftare mottaga de heliga sakramenten.

Ett dylikt brödraskap är Helga Lekamens gille. — Närbesläktade med brödraskapen äro andra k y r k l i g a föreningar, t. ex. Maria-kongregationerna, »Föreningen för trons utbredande», de kyrkliga välgörenhetsföreningarna. Kyrkan har förlänat åt medlemmarna av dessa brödraskap och föreningar talrika avlater.

Den, som bryter mot ett brödraskaps eller en liknande förenings regler, begår därmed icke någon synd, men han går miste om mången nådegåva.

Håll de kyrkliga bruken och institutionerna i ära! De äro sköna, fruktalstrande blomster på Kyrkans träd, frambragta genom den Helige Andes livgivande kraft.

*

»Var trogen intill döden, så skall jag giva dig livets krona!» (Upp. 2:10.)

Kristlig dags- och levnadsordning.

Vill du föra ett kristligt liv, så håll dig till följande dags- och levnadsordning:

1. När du vaknar på morgonen, så teckna dig genast med korsets heliga tecken och offra den nya dagen åt Gud! Är det tid att stiga upp, så gör det genast, och kläd raskt på dig! Tänk på Guds närvaro! Förrätta därefter andäktigt och om möjligt knäböjande din morgonbön! Försumma den aldrig! Av Guds välsignelse beror allt. Förnya därvid varje gång föresatsen att bekämpa ditt huvudfel! — Bevista även på vardagarna den heliga mässan, om det är dig möjligt! Ingen tid är bättre använd.

2. Uppfyll flitigt och samvetsgrant ditt kalls plikter! Förnya ofta den goda meningen, i synnerhet om arbetet är hårt och tungt! Det skänker ny kraft och ökar själens nåd. Fly lättjan! Den är alla lasters moder. »Bed och arbeta!» må vara ditt valspråk.

3. Sätt dig aldrig till bords utan att först bedja till Gud! Från honom kommer varje god gåva. Glöm ej heller tacksägelsen efter maten! Var vid själva måltiden måttlig och hovsam!

4. En kristen får även unna sig erforderlig **vederkvickelse**. Den skall skänka ny kraft och arbetslust. Håll också måtta i vederkvickelsen! Akta dig för förströelser, vid vilka Gud förorättas genom pliktförsummelse eller annat ont! Undvik farliga nöjen!

5. Var i **umgänget** med andra vänlig och förekommande! Akta dig särskilt för kärlekslöst och otillbörligt tal! En elak tunga skadar själen. Var försiktig! Var icke lättrogen!

6. **Lidande** och **motgångar** skall du tåligt bära. *»Den Herren älskar, den agar han.»* (Hebr. 12:6.) Tänk på din Frälsares lidande, som han, ehuru oskyldig, tåligt bar för dina synder! Var undergiven under Guds vilja! Då skall din möda bliva en källa till den rikaste välsignelse och skall förvärva dig en outsäglig lön i himmelen.

7. Gå ofta och värdigt till **botens** och **Altarets heliga sakrament**! Har du haft olyckan att begå en svår synd, så uppväck genast fullkomlig ånger och gå snart till bikt!

8. Låt det alltid vara dig särskilt angeläget att helighålla **sön-** och **helgdagar**! Försumma aldrig frivilligt den heliga mässan! Använd dessa dagar till fromma och människovänliga gärningar!

9. Försumma aldrig att andäktigt bedja din **aftonbön** (med samvetsrannsakan och sann ånger), innan du lägger dig till vila! Tänk därvid på ditt **huvudfel**! Är du särskilt trött, så bed en kortare bön, men andäktigt! Kläd så raskt av dig, tag vigvatten och sök att insomna under bön och fromma tankar.

> Lär att bedja och försaka,
> lär att kämpa och fördraga,
> lär att glömma och förlåta,
> du då löser livets gåta.

»Gud vare med eder på vägen, och hans ängel ledsage eder!» (Tob. 5:21.)